ルートヴィヒ二世
(ピロティ画/バイエルン国立絵画館〈ミュンヘン〉蔵)

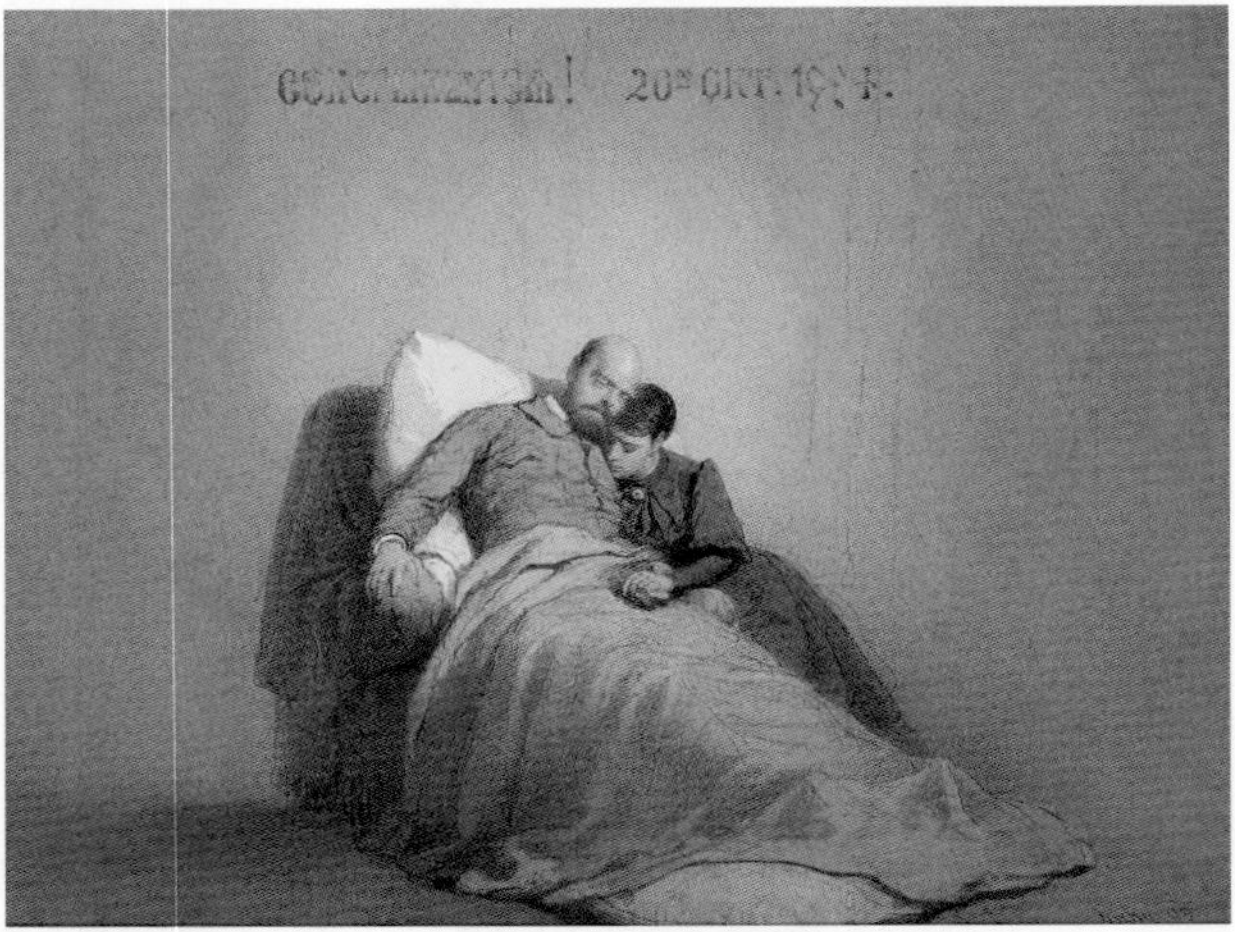
アレクサンドル三世の最期（1895年作／エルミタージュ美術館蔵）

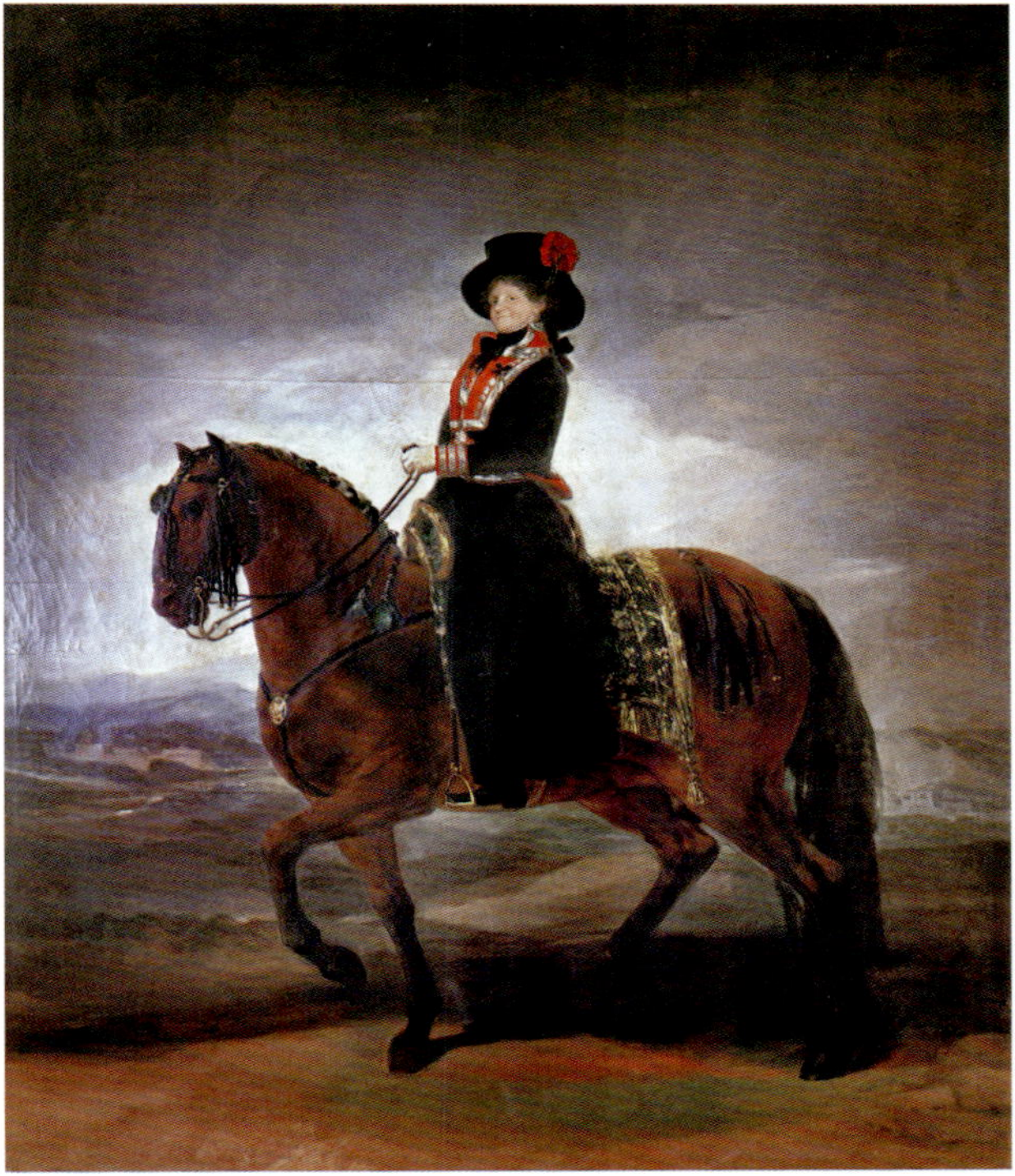

(カルロス四世妃) マリア・ルイサ騎馬像 (ゴヤ画／プラド美術館蔵)

チェスをするストルーエンセと王妃（カロリーネ・マティルデ）、鸚鵡をからかう王、
立っている侍女（サートマン画／ヒアシュプロング美術館〈コペンハーゲン〉蔵）

残酷な王と悲しみの王妃2

中野京子

集英社文庫

はじめに

本書はタイトルどおり、パート2です。前作は、メアリー・スチュアート（スコットランド）、マルガリータ・テレサ（スペイン）、イワン雷帝の七人の妃（ロシア）、ゾフィア・ドロテア（ドイツ）、アン・ブーリン（イギリス）でした。

続篇のこちらは、ルートヴィヒ二世（ドイツ）、アレクサンドル三世妃マリア（ロシア）、カルロス四世（スペイン）、カロリーネ・マティルデ（デンマーク）の四つの歴史物語を楽しんでいただけたらと思います。楽しむ、とはいっても、なかなか大変な時代に大変な役割を担《にな》って生きた王族たちの史実なので、お伽噺《とぎばなし》のようなハッピーエンディングとはゆきません。枝を離れた木の葉のように烈風に翻弄《ほんろう》され、踏みにじられる、過酷な生涯がほとんどです。

映画やミュージカルでも知られる美王ルートヴィヒ二世は、同性愛者ゆえに世継ぎをもうけられない現実に苦しみました。一時はエリザベート皇后の妹と婚約したものの、手ひどく傷つける形で捨て去ります。デンマークからロマノフ家へ嫁《とつ》いだマリアは、若いころその美貌をエリザベートとよく比較されました。円満な家族関係を構築しましたが、最後は三百年も続いた大王朝が目の前で瓦解《がかい》し、共産主義国家に生まれ変わる姿を目にしなければなりませんでした。カルロス四世と「スペイン史上最悪の王妃」マリア・ルイサの亡命劇は、「残酷」や「悲しみ」というよりむしろ「滑稽《こっけい》」感が強いかもしれません。ゴヤの大作がまた、そのイメージにあまりにぴったりで、芸術家の透徹《とうてつ》した眼差《まなざ》しには驚かされます。

そしてカロリーネ・マティルデ。イギリスからデンマークへ渡った彼女は、前作で取り上げたゾフィア・ドロテアの曽孫《ひまご》にあたります。ふたりの女性の数奇な運命は時空を超えてシンクロし、人の世の不思議を感じざるを得ません。

歴史はこのように美しくも残酷な数々の糸が撚《よ》り合わさってできており、今に脈々とつながっているのです。

中野京子

目次

タケへ

残酷な王と悲しみの王妃2

第一章　ルートヴィヒ二世

Ludwig II（1845-1886）
父はマクシミリアン二世、母はプロイセン王女マリー。
1864年3月10日、マクシミリアン二世が逝去しバイエルン王となる。
「狂王」の異名で知られる。

ルートヴィヒ二世

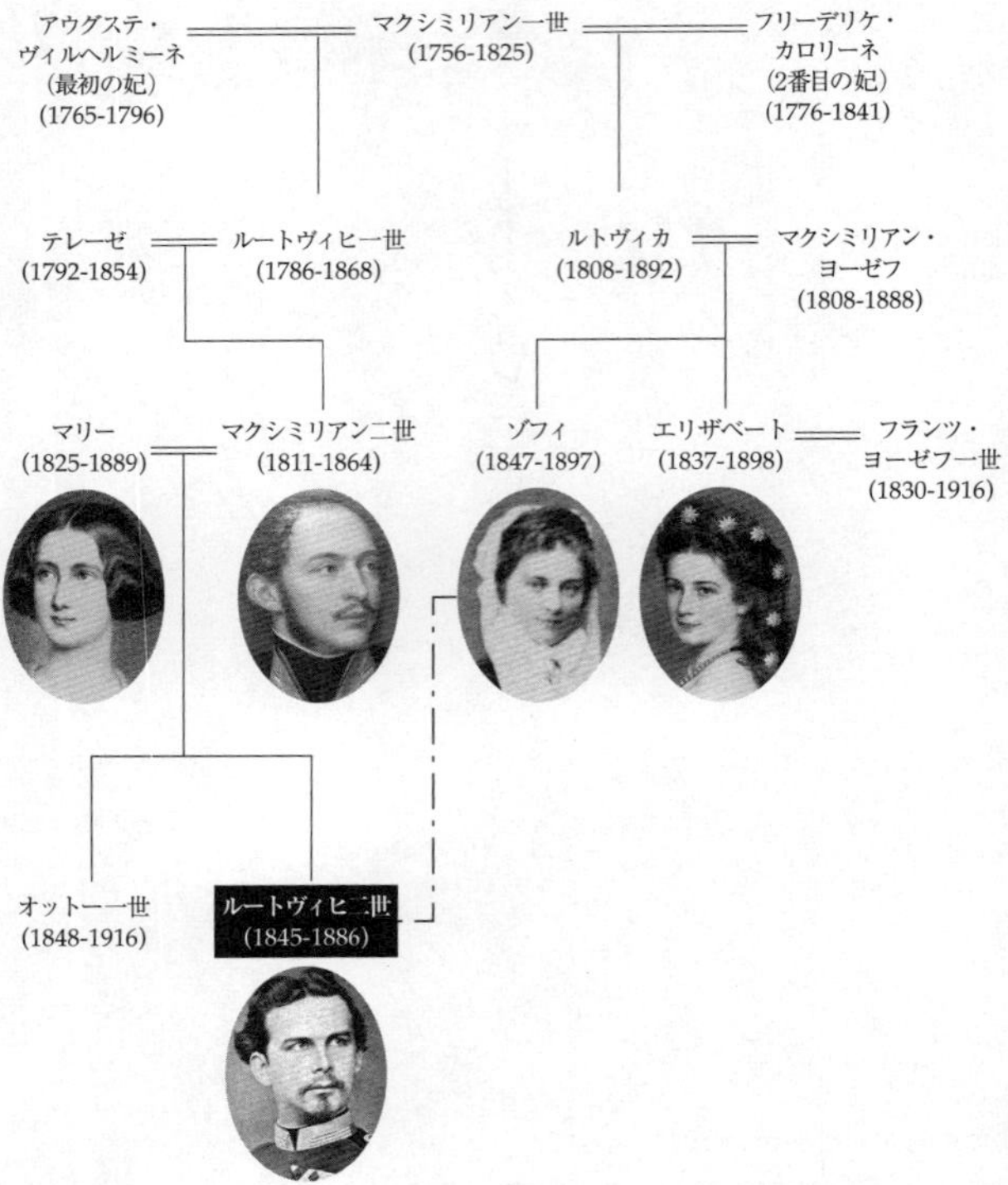
アウグステ・
ヴィルヘルミーネ
（最初の妃）
(1765-1796)
マクシミリアン一世
(1756-1825)
フリーデリケ・
カロリーネ
（2番目の妃）
(1776-1841)
テレーゼ
(1792-1854)
ルートヴィヒ一世
(1786-1868)
ルトヴィカ
(1808-1892)
マクシミリアン・
ヨーゼフ
(1808-1888)
マリー
(1825-1889)
マクシミリアン二世
(1811-1864)
ゾフィ
(1847-1897)
エリザベート
(1837-1898)
フランツ・
ヨーゼフ一世
(1830-1916)
オットー一世
(1848-1916)
ルートヴィヒ二世
(1845-1886)

ヴィッテルスバッハの血

時は一八六四年。

幕末の日本に池田屋事件が起こり、南北戦争只中《ただなか》のアメリカでリンカーン大統領が再選され、中米ではハプスブルク家のマクシミリアン大公（皇帝フランツ・ヨーゼフの弟）がメキシコ皇帝を名乗り（メキシコ史はその事実を認めていない）、ロンドンではマルクスの寄与により第一インターナショナルが創設。そしてドイツ南部バイエルン王国に、十八歳の若き王ルートヴィヒ二世が誕生した。

百九十センチの長身、しなやかな痩躯《そうく》のルートヴィヒは、長い首にやや小ぶりの、しかし驚くほど繊細で美しい頭部を載せていた。青年らしいシャープな輪郭、縮《ちぢ》れ気味の豊かな毛髪、広い額、形の良い眉とまっすぐな鼻、上唇に特徴のある女性的な口元、どこか遠くを見つめるロマンティックな双眸《そうぼう》……間違いなく歴代随一の美王だ。すでにカメラの時代だったので、幼少期からずっと何十枚と撮られてきた写真が、「美王」の呼び名にいささかの誇張も無いことを証拠だてている。

とりわけ戴冠式《たいかんしき》の颯爽《さっそう》たる姿に国民は熱狂した。地味で目立たなかった父王に比べ、まばゆいばかりのオーラである。国の未来も明るく拓《ひら》けてゆくのではないか。何しろプロイセンが己に都合のいいドイツ統一を狙《ねら》っている。バイエルンとしてはそれに呑《の》み込まれることなく、今までどおりの自立した王国を維持《いじ》したい。麗《うるわ》しの君への期待は大きかった。

ミュンヘンを首都としたバイエルンが選帝侯国から王国になったのは、しかし意外なほど新しく、一八〇六年。ルートヴィヒ二世即位式の、わずか六十年ほど前だ。彼の曽祖父がナポレオンと同盟を結び、いわば論功行賞《ろんこうこうしょう》によってそれまでの選帝侯（神聖ローマ帝国の皇帝選出権を持つ有力諸侯）から王に格上げされ、バイエルン国王マクシミリアン一世を称することが許された。その際、領土も拡《ひろ》がったが、あいにくナポレオン失脚とともにまた縮小した。とはいえもともとバイエルンは——オーストリア帝国をのぞくと——プロイセンに次ぐ、ドイツ第二の面積と人口を誇る豊かな国であった。

新王国はマクシミリアン一世からその長子ルートヴィヒ一世、さらにその長子マクシミリアン二世と、各々《おのおの》二十年前後ずつ治世が続き、四代目のルートヴィヒ二世へ引き継がれた（マクシミリアン↓ルートヴィヒ↓マクシミリアン↓ルートヴィヒ、一世↓一世↓二世↓二世と、妙にややこしくて覚えにくい）。

本来なら前王逝去《せいきょ》によって代替わりになるところ、二代目のルートヴィヒ一世だけは、存命中の六十一歳で退位している。彼は八十一歳と長命で、息子の死に立ち会うほどだ

ルートヴィヒ二世の父マクシミリアン二世

ルートヴィヒ二世の母マリー

ったから、もしこの生前退位がなければ、孫のルートヴィヒ二世が玉座に就くのは間違いなく数年遅れた。その場合、帝王教育期間の延長により、行動はもっと慎重で大人びたものとなったのだろうか……わからない。

さて、この四人の王は、もちろんヴィッテルスバッハ家（分家プファルツ＝ノイブルク系も含む）出身である。なぜ「もちろん」かといえば、バイエルンの歴史、即《すなわ》ちヴィッテルスバッハ家の歴史、といって過言ではないからだ。

十二世紀にバイエルン公となる遥《はる》か以前から一帯の有力者だったヴィッテルスバッハ家は、ハプスブルク家やカペー家（ブルボンの源流）より古い家柄と考えられており、神聖ローマ帝国皇帝を輩出《はいしゅつ》したことさえある。ただしハプスブルクのように大王朝を形成するには至らなかった。今で言うなら、力はあるのにコングロマリット（巨大複合企業体）化せず、格式ある暖簾《のれん》を守り続けた老舗《しにせ》、といったところ。大きすぎれば政治的ストレスに押《お》し潰《つぶ》され、小さすぎれば生き残りが大変なので、君主としてはこのくらいの規模が一番気楽かもしれない。

老舗だけにヴィッテルスバッハ家は宗教的にも保守派で、ドイツ北部にルターのプロテスタント運動が吹き荒れたときもカトリックを守り通した。必然的にこの名門は、他のカトリック大国への花嫁供給源となる。フランス王シャルル六世妃、スペイン王カルロス二世妃、神聖ローマ帝国皇帝ヨーゼフ二世妃及びフランツ一世妃、ポルトガル・ブラジル王ペドロ二世妃、フランス王太子妃（スペイン王フェリペ五世の母）、エトセトラ、エトセトラ。中でも一番有名なのは、歴代美妃ナンバーワンとされるフランツ・ヨーゼフ皇帝妃エリザベートだろう。ちなみにフランツ・ヨーゼフの母ゾフィも、同じヴィッテルスバッハ出身だ（エリザベートとは伯母《おば》・姪《めい》の関係）。

逆に、他家からヴィッテルスバッハ家への嫁入りも多い。一例として、「青いヴィッテルスバッハ」を思い出してほしい（拙著『残酷な王と悲しみの王妃』集英社文庫参照）。これは二〇〇八年、ロンドンのオークションで二十二億五千万円という高値で落札された、約三十五カラットもの大粒ブルー・ダイヤモンド。スペイン・ハプスブルクのマルガリータ王女がオーストリア・ハプスブルクのレオポルト一世のもとへ嫁《とつ》ぐ時、父王フェリペ四世から嫁入り道具の一つとして持たせてもらったものだ。ではなぜ「青いハプスブルク」ではなく、「青いヴィッテルスバッハ」と呼ばれるのか？

この巨大ダイヤはスペインからオーストリアへ移ってまもなく、今度はドイツへ伝わり、何世紀にもわたってヴィッテルスバッハ家所有になっていた。おそらくマルガリータ繋《つな》がりと思われる。若くして亡くなったマルガリータだが、やっとの思いで一人娘マリアを残し、そのマリアがヴィッテルスバッハ家へ嫁いでいるからだ。母の形見として持っていったと考えられる。そしてマリアが子を遺《のこ》さず死ぬと、ダイヤはそのままヴィッテルスバッハ家の財産となる（それが今になって市場へ出回るというのは、子孫の財政難か……？）。

輝かしい名門ぶりを誇るヴィッテルスバッハ家だが、反面、その暗部についても囁《ささや》かれ続けた。狂気、狂信、メランコリー、さらには耽美《たんび》への病的なまでの傾倒がそれだ。近親婚を――スペイン・ハプスブルク家ほど極端ではないにせよ――くり返してきたゆえの、遺伝的弊害《へいがい》ではないかとの推測である。

科学的に証明されたわけではない。それでも少なからぬ歴史家が触れており、フランスの同時代人J・バンヴィルなど、「バイエルンは精神疾患者に統治されている」と書いたほどだ。確かにルートヴィヒ二世の弟オットーは衆人環視の中で奇矯《ききょう》な振る舞いに及び、終生ほぼ幽閉《ゆうへい》されて過ごした（名目上の王位に就いた後もだ）。またルートヴィヒ自身もその祖父も、エキセントリックな言動でしばしば周囲を驚かせている。ルートヴィヒの父の従妹《いとこ》にあたるエリザベート及び彼女の父も、間違いなく変人の部類に入るだろう。

エリザベートはルートヴィヒの八歳上で、幼いころから交流があった。お互いをよく理解しあっていたとされる。気質が似ていたからだ。権高《けんだか》で、美に囚《とら》われ、醜《みにく》い者をあからさまに嫌い、自らの美貌《びぼう》を誇りながら、他人の視線を極度に怖《おそ》れる。そこに見え隠れするのは、絶望的なまでの自信の無さだ。これほど美しいのに、と人は思うかもしれ

ルートヴィヒ二世（左）とヴァーグナー

ない。が、これほど美しく生まれついた貴人は、周りからうるさいまでに讃歎《さんたん》され、能力以上のものを期待される。その期待に応えられないのは、誰よりも自分がよく知っていて、傷つきやすい精神は逃げることばかり考えるようになる。

「わたしは牢獄《ろうごく》で目をさました」——エリザベートはそう詩を書いた。牢獄なのだから逃亡するしかない。カイザーリン（Kaiserin＝皇妃）ならぬ、ライザーリン（Reiserin＝旅人）とあだ名をつけられるまで放浪し続ける。夫も子どもも顧《かえり》みず、豪華なお召し列車を仕立て、おおぜいの随行員を従え、行く先々で別荘を建てて静養するという「旅行」だ。ルートヴィヒのほうも次第に政務から離れ、音楽三昧《ざんまい》、築城三昧に逃避した。パトロンとしてヴァーグナーの贅沢《ぜいたく》な生活を丸ごと抱え、ノイシュヴァンシュタイン城（ディズニーランドのシンデレラ城のモデル）など、絢爛《けんらん》たる三つの城を次々建設した。

どちらも途轍《とてつ》もない浪費家だった。貧民を顧みない散財に腹立たしさを覚える者も少なくなかろうが、歴史の面白みというべきか、結果的にふたりは浪費額以上に国を潤《うるお》していた。今に至る彼らの世界的人気が、ウィーンやミュンヘンにどれほど観光客を運んでいるかを考えれば明らかであろう。

ふたりの魅力にニュアンスを添えるのは、ヴィッテルスバッハの暗い血だ。常人の想像を超える桁外《けたはず》れの執着性が、エリザベートの美貌とスタイルを維持させ、ルートヴィヒにヴァーグナー作品と城を造らせた。そして彼らは不幸を生き、変死した。

ルートヴィヒの父の従妹エリザベート
（ヴィンターハルター画／ウィーン美術史美術館蔵）

戴冠時のルートヴィヒへもどろう。

ヨーロッパでもっとも魅力的な青年王。まさかこの二十二年後、「狂王」と呼ばれるようになるとは、いったい誰に想像できたか……。

いや、想像できた家臣もいたに違いない。子ども時代の激烈な裏面を間近に見て、一《いち》抹《まつ》の不安を感じた者たちだ。

それはルートヴィヒが十二歳になったばかりの出来事だった。広い城内で、いつも大人に囲まれて育った彼には、三歳年下のオットーだけが遊び相手。仲睦《なかむつ》まじい兄弟と思われていた。ところがベルヒテスガルテンの温室で遊ぶ二人の様子を見にいった宮廷官《かん》吏《り》は、恐ろしい光景に出くわす。ルートヴィヒが弟の両手両足を縛《しば》り、猿轡《さるぐつわ》をはめたばかりか、地面に押し倒してハンカチで首を絞め、あやうく殺すところだったのだ。大騒ぎになり、ルートヴィヒは父王から厳しい体罰を受けた。少年は強情で尊大だったので憤慨《ふんがい》し、長くベルヒテスガルテンへ行くのを拒んだという。

祖父と孫

さまざまな点でルートヴィヒ二世は——隔世遺伝《かくせいいでん》であろう——父のマクシミリアン二

世より、祖父のルートヴィヒ一世に似ていた。誕生日まで同じ八月二十五日。この日はバイエルンとフランス両国の守護聖人、聖ルイの祝日にあたり、さらに一世はたまたまストラスブールで生まれたので（フランス革命の三年前、一七八六年）、名付け親は何と、後にギロチン台で果てたあのルイ十六世。フランス語のルイ（Louis）は、ドイツ語でルートヴィヒ（Ludwig）なのだ。

こうしたことから、祖父と孫ふたりのルートヴィヒは親仏派だった。特に孫のほうは、生涯フランス絶対王政を範とし、太陽王ルイ十四世に憧《あこが》れ続けた。ヴェルサイユ宮殿を模《も》した城を国内に建設し、鏡の間の全長を本家より長くし、太陽王やマリー・アントワネットなどの銅像を庭や邸内に飾るほどに。

それはさておき、まずは祖父ルートヴィヒ一世の、美への強いこだわりについて見てゆこう。

王太子時代、十代で初めてイタリアを訪れた彼は、ルネサンス絵画、就中《なかんずく》、ラファエロの虜《とりこ》となった。以後、王位に就いてからもたびたびイタリアを巡り、夢中になればとことん没入するタイプだったので、ラファエロ初期の名作『テンピの聖母』にターゲットを絞り、テンピ家との交渉に入る。一世が書いた手紙の三百通以上に、本作への言及がなされているというから驚く。ロシアやプロイセンに競《せ》り勝って『テンピの聖母』を入手したのは、ようやく二十年後だ。並みの粘りではない。

先を見越してミュンヘンに新美術館も建設しておいた（現「アルテ・ピナコテーク」）。一世はここを、歴代ヴィッテルスバッハ当主が蒐集《しゅうしゅう》してきたブリューゲル、デューラー、ティツィアーノ、ルーベンスなどの他、自分が精力的に購入したダ・ヴィンチ、ボッティチェリ、リッピといったルネサンス作品――もちろん『テンピの聖母』も――によって充実させ、ヨーロッパ有数の美術館へ育てあげる。軍事ではプロイセンに敵《かな》わない。ならばと、自らの得意分野を活《い》かし、バイエルン王国をドイツ文化の中心にしようとしたのだ。

そのためルートヴィヒ一世の情熱は建築へも向けられた。ただし近代建築ではない。ドイツらしさも無い。何しろイタリアとギリシャが彼の「第二の故郷」であり（次男をギリシャ王として送り込んでいた）、ミュンヘンを「イザール河畔《かはん》のアテネ」にするのが夢だった。かくして十九世紀のこの擬《ぎ》アテネには、ギリシャ・ローマ古典様式やゴシック様式の壮麗《そうれい》な建造物や彫刻が次々完成してゆく。新王宮、大学、博物館、凱旋門《がいせんもん》、大聖堂、別邸、コリント式円柱、古代ローマ皇帝像、ローマ風広場……。

一世はエネルギッシュだった。頻繁《ひんぱん》に外国をまわり、美術蒐集に励み、首都に建築ラッシュをもたらす一方で、妃《きさき》との間に九人の子を生《な》した。また若く美しい女性を好み、ニンフそれが昂《こう》じて、当代の美女三十六人の肖像を宮廷画家シュティーラーに描かせ、ニンフェンブルク城に飾った。いずれアヤメかカキツバタといった麗人《れいじん》がずらりと壁に並ぶ、

少年時代のルートヴィヒ二世（左）と
弟のオットー

テンピの聖母
（ラファエロ画／アルテ・ピナコテーク蔵）

この「美女ギャラリー」は異彩を放つ。王はずいぶんキャパシティーが広かったらしく、フランツ・ヨーゼフ皇帝の母堂ゾフィのような高貴な女性もいれば、女優や無名の靴屋の娘もいるし、顔だちもさまざまなタイプが集められている。自分の末娘アレクサンドラも加えている（王女は美しく生まれつきながら奇行が目立ち、ヴィッテルスバッハの「狂える血」として語られることが多い。生涯、独身だった）。

これら美女のうち、一世と深い関わりがあったのはごく僅《わず》かしかいない。絵画や建造物と同じように、王は自分の理想と合致した女性美を作品として蒐集・陳列《ちんれつ》したかっただけのようだ（カメラの時代に生まれていたら、自らシャッターを押しまくっていただろう）。美女を讃美《さんび》するのと、生身《なまみ》の女性を追いかけるのは別である。彼は何人かの舞台女優を短期間愛人にしたことはあっても、フランソワ一世やアンリ四世のような名だたる艶福王《えんぷくおう》には程遠《ほどとお》い。夢の国の美女や現実の遊び相手たる女優で事足りていたし、美術品や建造物の魅力を上回る相手はいなかった。だからだろう、六十になって強烈なローラ・モンテス（「美女ギャラリー」で一際《ひときわ》輝いている）を知ると、老いらくの恋はとどまるところを知らなかった。

それまでのルートヴィヒ一世は、父王の跡を継いで二十数年、賢明な君主として国民の信頼は厚かった。首都を華やかにするため少々税金を投入しすぎの感はあれども、本人の私生活が質素なのはよく知られていたし、政治にさほど関心を示さぬにせよ、ドイツ初の鉄道を敷いたり運河建設に着手したりと、近代化へ向けた業績はいくつも挙げていた。このまま何ごともなくゆけば、名君と寿《ことほ》がれての大往生だったかもしれない。ところが人生には思わぬ陥穽《かんせい》があり、そこへ嵌《はま》った時、生まれ持っての性格が事態をなお悪化させてしまう。一世の場合、執着の強さが災いした。三十数歳も年下の異国のダンサーを諦《あきら》めきれなかったのだ、ラファエロの絵のように。

ローラ・モンテス（本名エリザベス・ギルバート）は、世界悪女列伝といった類《たぐい》の本には必ず登場する有名人だ。そのいかがわしい生涯と同じく誕生年も不確かで、一八一八年説と一八二一年説がある。スペインの血など入ってもいないのに、エキゾティックなスペイン人（ロマにさらわれたスペイン貴族だとか何とか）と称して下手なダンスを披露《ひろう》しながらヨーロッパ中を渡り歩き、同時に金持ち男の間も渡り歩いた。兵士と駆け落ち結婚をしたり、一時期作曲家フランツ・リストの愛人だったり、出版社を経営していた婚約者を決闘で失ったこともある。炎に狂乱する蛾《が》のように、男たちは破滅へ導く彼女の周りに群がった。

椿姫《つばきひめ》ことマリー・デュプレシが「定住の高級娼婦《しょうふ》」なら、ローラは「放浪の高級娼婦」と言えた。ミュンヘンへ流れ着いたのは二十五ないし二十八歳。老王とのドラマティックな出会いが待っている。

ローラは国立劇場でデビューのはずだったが、踊らせてみてそのひどさに辟易《へきえき》した支配人が契約を破棄《はき》した。瞬間湯沸《わ》かし器なみのローラは怒り、王宮へ直談判《じかだんぱん》に行き、控えの間で長く待たされてさらに怒りを募《つの》らせ、取次官の制止をふりきって王の私室へ飛び込んだ。取次官と揉《も》めた際、ドレスが破れて（あるいは故意に？）胸が露《あら》わになったまま、彼女はルートヴィヒ一世の前へ立った。王は臣下を下がらせ、私室でローラとふたりきりになる。

何が起こったかは知られていないが、何が起こったかは明白だ。なぜなら翌晩からローラは件《くだん》の劇場でスパニッシュダンスを踊り始め、王は三夜連続ロイヤルボックスで彼女の魅力を堪能《たんのう》し、五日目にはもう「我が最良の友」として宮廷へ招いて妃や大臣連に紹介している。初めてのことでなし、皆げんなりしたものの、すぐまた飽きるだろうと深刻には受け止めなかった。ところが今回は違った。ルートヴィヒ一世は絵よりも建築よりもローラに夢中になり、締まり屋の評判を返上して彼女の上へ金銀宝石を雨霰《あめあられ》と降らせた。豪華な宮殿を建てて住まわせ、白貂《しろてん》の毛皮で内装された馬車や莫大《ばくだい》な年金一万フローリンを与え、女伯爵《はくしゃく》にまで叙《じょ》した。

それで満足しておけばいいものを、ローラ・モンテスは増長し、政治にまで口出しを始める。王は彼女の言いなりになり、現内閣を総辞職させて新たな人事を決めた（いわゆる「ローラ内閣」）。最初のうちは、踏みつけにされた妃――かつてナポレオンの皇妃

ゾフィ（フランツ・ヨーゼフの母）
（シュティーラー画／ニンフェンブルク城〈ミュンヘン〉蔵）

ローラ・モンテス
（シュティーラー画／ニンフェンブルク城〈ミュンヘン〉蔵）

候補にされ、それを逃れてヴィッテルスバッハ家へ嫁いできたのに、夫の吝嗇《りんしょく》と道楽三昧に泣かされ続けた――への同情だけだったのが、ここへきて国中が危機感を抱く。特に学生たちの反撥《はんぱつ》は大きく、ローラの宮殿は投石でガラスが割られ、鉄柵《てっさく》で囲わねばならなくなる。これに対して王が取った大学閉鎖という措置は最悪だった。騒ぎはいっそう拡大し、暴徒化した群衆を恐れた王は、将校たちに警護されて外出するという前代未聞の状況に陥《おちい》る。

ローラと知り合って三年目のこの一八四八年は、フランスで二月革命が起き、ルイ・フィリップ王政がすでに瓦解《がかい》していた。共和主義者たちの運動は周辺国に飛び火しており、バイエルンもこのまま騒乱を放置すればフランスの二の舞《まい》になりかねない。王妃、子どもたち、大臣、官吏が一体となって、ローラ追放文書に署名するようルートヴィヒ一世に迫った。六十一歳の王はついに震える手でサインした。

だが遅すぎた。ローラがいなくなっても人々の憤激と不満は解消されず、まもなく王は大スキャンダルの辱《はずかし》めの中、退位のやむなきに至り、三十六歳の王太子がマクシミリアン二世として王冠を引き継いだ。碩学《せきがく》で詩人タイプの地味な王を、国民は受け入れた。

ローラ・モンテスのその後について少し触れよう。

追放された後も、しばらくは幾度《いくど》か密《ひそ》かにもどってきて王と会っていたらしい。ふたりでスイスに住むことも考えていたようだ。一種の「王冠を賭《か》けた恋」が、引き裂かれた後もかなり長く続いたことは、王が出した手紙からわかっている。時々乞《こ》われるまま資金援助もしていたという。

しかしバイエルン王の寵姫《ちょうき》の座を諦めたローラは、イギリスで新たな資産家を見つける。結婚寸前にまで漕《こ》ぎつけたが、兵士だった前夫との正式な離婚が成立していないのがばれて重婚罪に問われ、破局。その後はアメリカへ渡り、ダンス巡業中に新聞記者と結婚し、ふたりでオーストラリアへ旅立つ。若さを失うにつれ、スパニッシュダンスはいよいよ淫《みだ》らになったようで、ゴールドラッシュに沸く鉱山の労働者たちからは喝采《かっさい》されたが、新聞には「猥褻《わいせつ》」と非難され、居づらくなってまたアメリカへもどる。この航海中、夫は船から転落死したらしい。ローラが殺したと疑う者もいたが、真相は不明。ただこの後、彼女が突然信心深くなり、四十前後で病死するまでの数年間、貧窮《ひんきゅう》に喘《あえ》ぎながらもひたすら聖書を読んで日を送っていたのは確かだ。

元国王は、かつての愛人が新大陸で野垂《のた》れ死《じ》に同然で亡くなったとの報を受けたであろう。彼はローラの死後さらに七年生き延び、八十一歳の長寿を全うする。とうに妃も息子のマクシミリアン二世も亡くなっていた。

ヴァーグナーへの執着

少し時を巻きもどそう。

まだルートヴィヒ一世の人生にローラが登場していない一八四五年八月二十五日、ミュンヘン西部のニンフェンブルク城で、後のルートヴィヒ二世が産声《うぶごえ》をあげた。王太子夫妻待望の長男にして、国王ルートヴィヒ一世の初孫である。王は自分と同じ誕生日の出生を殊《こと》のほか喜び、翌日の洗礼式には自ら孫を腕に抱いて臨《のぞ》んだ。

もし透視者がその場にいたとしたら、喜びと誇りの背後に透けて見える翳《かげ》の濃さに暗然としたであろう。祖父を待ち受ける恥多き晩年と、まるで祖父の生き方をなぞるかのような孫の未来にだ。いや、もっと正確に言えば、孫が愛するようになる相手、次々に建てる建造物、そしてこれから味わうことになる苦悩は、どれも祖父のそれを遥かに上まわり、悲劇性を帯びていた。

芸術への耽溺《たんでき》、ある種イミテーションともいえる建造物群への情熱、愛してはならぬ者への執着が、祖父と孫の共通項だったが、しかし対象とするものは互いに補完しあったかと思うほど違っている。祖父は絵画で孫は音楽、祖父は都市造りで孫はアルプスの城、祖父は美女で孫は……女性に対し、ただの一度たりと性的に惹《ひ》かれたことはない。

祖父が退位した時、孫のルートヴィヒは二歳半。幼すぎて何が起きたか理解できなかった。物心つくころには王太子、つまり国家ナンバー2の地位にあるのを知り、選ばれし者の矜持《きょうじ》と自尊に胸を膨《ふく》らませる。弟のオットーと喧嘩《けんか》して首を絞めたのも、教育係同伴で街へ買い物に行き、欲しくもないものを何度か万引きして、「国民のものはぼくのものだ」と言い募ったのも、己《おの》が力の確認であったろう。

やがて王家についても学び、「祖父がまだ元気なのに、なぜ父が王なのか？」と初めて疑問に突き当たる。答えはすぐわかった。教えなくてよいことまで教える宮廷人が、隠居生活で精彩《せいさい》を欠いた祖父にまつわる醜聞《しゅうぶん》のあれこれを、少年の耳に吹き込んだからだ。自らの血統についても完璧でなければ我慢できないルートヴィヒにとって、それは恥以外の何ものでもなかった。恥をかくことへの極端な怖れはここから生まれ、彼の人生を規制することになる。

弱点を知られたくない、欠点を悟《さと》られたくない――居丈高《いたけだか》な者の心の奥には恐怖が隠されており、それは玉座を約束された王太子であっても変わりはない。外見が美しいだけになおさらだ。外見は中身の薄さをカバーしてくれるが、逆に過剰な期待を人に抱かせる。ルートヴィヒにとって肉体美は恩寵《おんちょう》であると同時に呪《のろ》いでもあった（それを誰よりもよく理解したのがエリザベートだ）。ルートヴィヒは美にこだわり、それは他者の外見にまで及ぶ。治療してくれた宮廷医の醜さを手紙で嘆《なげ》き、聖ゲオルギウス騎士団の行進を美形ならざる貴族が先導することが決まると、躍起になって引きずりおろそうとする。ぶざまな肉体の主を軽蔑《けいべつ》し、嫌悪し続けた（まさか後年自分がそうなるとも知らず）。

十七歳の誕生日、聖ルイの日、ルートヴィヒは強く印象に残る国家行事に参加した。それは祖父と国民の間に長年わだかまっていた憎悪が、十四年かけて一応の収束を見せた記念式典だった。ミュンヘンのオデオン広場に、「美術」「詩歌」「宗教」「産業」という四体の擬人像に囲まれた、祖父の騎馬像が建立《こんりゅう》されたのだ。ヴィッテルスバッハ家にとっては至極当然のことであり、むしろ遅すぎた。なぜならミュンヘンに偉大な古代を甦《よみがえ》らせ、バイエルンをドイツ最大の文化国家に育てあげたのは、彼の熱意と執念に他ならなかったから。

ルートヴィヒは気づいた、君主の人気や評価に毀誉褒貶《きよほうへん》はあっても、君主の造りだしたものは永遠だと。そして思った、いつか自分もこうした遺産を残したいと。

このころ若い王太子の心を占めていたのは、建築ではなく音楽、それもヴァーグナーのオペラだった。前年の二月、ミュンヘン王室歌劇場で上演された『ローエングリン』を観《み》て以来、ヴァーグナーが彼のアイドルとなっていた。それまでベートーヴェンとヨハン・シュトラウスの違いすらよくわからず、音楽教師に呆《あき》れられていたのが嘘《うそ》のように、のめり込む。ニーチェのヴァーグナー論――「ヴァーグナーは神経症患者だ。彼の音楽は病人のそれだ。（中略）神経質な人間、女性や思春期の青年から圧倒的に支持される」（『ヴァーグナーの場合』）――は正しかったということなのか？

十五歳の「神経質」な「思春期の青年」ルートヴィヒは、ヴァーグナーに圧倒され、呑み込まれる。

翌年十二月の『タンホイザー』は、観る前からもう興奮していた。CDもラジオも無い時代である。楽譜は読めても演奏は生《なま》でしか聴けない。ましてオペラ全曲を楽しむには劇場へ行くしかない。一つのオペラを観た後の余韻はとてつもなく長く、その長さによって次のオペラへの期待がさらに高まるという過程は、現代の気軽すぎる音楽環境からは想像も及ばぬ歓《よろこ》びの深さだ。ルートヴィヒが完全にヴァーグナーに征服されたことを、同席した副官が記している、「タンホイザーがヴェヌス（ヴィーナス）の洞窟へもどる場面になると、王子の身体は痙攣《けいれん》しているみたいに震えた。あまりに激しいので癲《てん》癇《かん》の発作かと危ぶんだ」（『狂王ルートヴィヒ　夢の王国の黄昏《たそがれ》』、以下Ⓐ）。

古代伝説や英雄譚《えいゆうたん》が陶酔的音楽とからみあうヴァーグナー・オペラは、もともと夢想癖《へき》のあったルートヴィヒには麻薬そのものだった。父王は、政治にも軍事にも女性にも関心を示さない息子を外交の場へ引っぱり出す。ミュンヘン訪問中のビスマルクとの会食がそれだ。このプロイセンの鉄血宰相《さいしょう》は、隣に座った十七歳のルートヴィヒの様子について、「彼の心は食卓を遠く離れた世界をさまよっているようだった」と記した。ビスマルクの鋭い観察眼は何ごとも見逃さず、向かいに座った王妃の目配せで、ルートヴィヒのシャンパン・グラスにはできる限り間をあけて注《つ》がれていることも書いている。すでに飲酒癖の傾向があった証拠であろう。それでもビスマルクはルートヴィヒを「大変魅力のある人間」と評した（『ビスマルク回想録』）。

翌一八六四年、可もなく不可もなく政治の舵取《かじと》りをしてきたマクシミリアン二世は肺炎になり、あっけなく死去。直前にはルートヴィヒを枕元へ呼び、プロイセンに気をつけろと忠告したと言われる。

だが輝くように美しい夢みる新王にとって、政務や謁見《えつけん》は「無駄話《むだばなし》」にすぎない。彼が真っ先に臣下へ命じたのは、「ヴァーグナーを探せ」だった（あちらこちらで借金を抱え、反政府運動に関わったとして官憲にも追われたヴァーグナーは、投獄を怖れてヨーロッパ中を逃げまどっていた。少し前に国外追放令は解除されたが、なお定住地は不明だった）。ルートヴィヒは、王になった暁《あかつき》にはこの天才作曲家のパトロンになると決めていた。それがこんなに早く叶《かな》ったのだ。周囲は若すぎる戴冠を懸念《けねん》したが、本人は祖父のように自由な立場で芸術を振興するのだと、やる気満々であった。

即位三週間後、五十歳のヴァーグナーはミュンヘンへやって来る。二人の出会いは双方にとって感激に満ちたものだ。現実の人生など何も知らない、つるんとした顔の青年王にとって、ヴァーグナーは年来の憧れである（謂《い》わば祖父にとってのラファエロのように）。一方、人生の荒波をまともにかぶり、深い皺《しわ》を顔に刻んだ作曲家には、ルートヴィヒは神が遣《つか》わした無垢《むく》の天使だ。また王はヴァーグナー本人を、その作品の主人公と同じ高貴なる魂《たましい》と思い込んでいた。一方、さすらいの芸術家にとって、ルートヴィヒはずっと待ち望んでいた金蔓《かねづる》でもある。

ヴァーグナーは王宛《あ》ての手紙で、自分を「愛に餓《かつ》えた哀《あわ》れな魂」と呼び、自分の命を「どうか御意《ぎょい》のままお使いください」とへりくだっている（Ⓐ）。実際この当時のヴァーグナーは奇蹟《きせき》でもおきない限り救われない、という人生のどん底にあった。パリでの『タンホイザー』は失敗、ウィーンでの『トリスタンとイゾルデ』は八十回近く練習を重ねたにもかかわらず上演中止に追い込まれ、完全な金欠状態だった。バイエルン王の登場は彼にとって――後世の音楽愛好家にとっても――デウス・エクス・マキナ（演劇で、難題を一挙に都合よく解決する機械仕掛けの神）そのものだった。

ここから大パトロンと作曲家の、ほぼ二十年にわたる断続的交流が始まる。仲違《なかたが》いしてしばらく会わなかったり、ヴァーグナーが市民に嫌われ一時ミュンヘンを追われたり、最終的には離れることになったにせよ、ヴァーグナー・オペラに対する王の愛自体は終生変わらなかった。出会いから八年後、ヴァーグナーが念願の専用オペラ座をバイロイトに建設する時も、多額の援助を惜しまなかったし、彼が六十九歳でヴェネチアで死ぬまで手紙のやりとりは続いた。

初期のふたりの蜜月《みつげつ》は、人々に祖父ルートヴィヒ一世とローラ・モンテスを思い出させた。王はふんだんに金を与え、余所者《よそもの》はこれ見よがしに金を使う。とはいってもヴァーグナーはローラと違い、後世に残る芸術作品を産んでいた。国賓《こくひん》扱いされ派手に生活しても、それだけならまだ眉をひそめる程度ですむ。ところが彼は女性関係のだらしなさを改める気がなかった。妻を故郷へ放りっぱなしにして、次々に恋愛を重ね、自分を援助してくれた当の相手の夫人にまで手をつけるヴァーグナーだが、今またここ保守的なカトリックの町ミュンヘンにおいても、指揮者ビューローの妻コジマと同棲《どうせい》を始めていた。

ルートヴィヒは男女関係について、実に疎《うと》かった。コジマがヴァーグナーの家にいるのは家政婦として彼の世話をするためだし、彼女が産んだ子もヴァーグナーではなく夫ビューローの子だと信じた。周囲の圧力により、ようやくヴァーグナーに問い質《ただ》しはしたが、そんな事実はないと否定されて、それをそのまま受け入れた。ヴァーグナーとコジマが結婚した時、欺《あざむ》かれたと感じたのも当然であろう。ヴァーグナーを信じ続けたルートヴィヒの心根には、少し胸を打つものがある。

だが禁欲主義からは程遠いヴァーグナーは、そのずっと前から王の過剰な愛と執着を重荷に感じていた。人生の師だの天才だのと仰《あお》がれるのにも疲れた。昼も夜も伺候《しこう》させられ、もはや話すこともなく黙って向かい合う時間が増えたとあればなおさらだ。ヴァーグナーがバイロイトへ去ったのも無理はなかろう。

　こうしてルートヴィヒは、芸術家とその作品は別物だと苦い思いで認めるしかなかった。

婚約

　ルートヴィヒ二世がホモセクシャルだったという事実を、多くの歴史家は見て見ぬふりをする。あるいは信じたがらない。なぜだろう？　それこそ同性愛者に対する差別意識ゆえではないのか？

　一九八六年、ルートヴィヒ没後百年、彼の『秘密の手帖《てちょう》』全文がドイツで刊行された。ここには苦悩と絶望、何より強烈な恥の意識があふれている。自らの性的傾向に早い時期から気づいていたルートヴィヒは、王朝を繋ぐ子孫作りへの困難をずっと意識し続け、また王たる誇りを自分自身が傷つけていることに恥辱《ちじょく》を覚えていたのだ。同性との関係、また自慰《じい》について、彼は何年にもわたり、誓《ちか》っては破り、後悔しては誓っている――。

「ルイ十六世が殺されたこの日に、わたしは誓う。昨夜こそが絶対に最後であり、王の血によって贖《あがな》われた最後の一回だった。絶対に最後であり、もし背《そむ》いたら退位する」「キスも含めて全面的禁欲だ。魅惑よ、呪われてあれ！」「今後は決して、今後は決して、今後は決して！　忘れるなよ、陛下！　忘れるな、忘れるな！」「チャールズ一世とルイ十六世の厳《おごそ》かな死の記憶に誓って、性交渉は断つ」エトセトラ。

なぜこれほどまでに、と思うのは現代人の感覚でしかない。当時の社会は自慰が厳禁で、少年は厳しく監視された。子を生すことのない無益な快楽は神に赦《ゆる》されないとの考えからだ。自慰のしすぎは肉体を損《そこ》ねると信じられ、時に心の病と見なされて精神科病院へ入れられることさえあった。同性愛はさらにひどい扱いで、プロイセンなどは男同士の肉体交渉が見つかれば禁固四年の実刑（その点、ナポレオン法典は個人の性関係を刑罰の対象外にしていた）。後年プロイセンがバイエルンを圧倒するようになると、同性愛禁止法はバイエルンでも採択される。同性愛者たちは罪の意識を植えつけられるだけではまだ足りず、病人や犯罪人にされた。

性格的な弱さを持つルートヴィヒには、これは自己の存在を揺るがす耐えがたい苦悩であり、決して人に知られてはならぬ秘密であった。彼のほとんどの写真や肖像画で、視線は斜め上のどこかあらぬ方へ向けられている。悪さをした子どもが、咎《とが》められまいとして知らぬふりする顔つきを思い起こさせる。

若い王の秘密は、だが宮廷では知る人ぞ知るだったろう。最初の相手として名を挙げ

ルートヴィヒ二世

ルートヴィヒ二世とゾフィの婚約写真

られているのは、十五歳で観た『ローエングリン』の主演テノール歌手ニーマン、十八歳の時には副官タクシス。後者とは二人だけで山にこもり、その後かわした手紙のうちルートヴィヒのものはタクシス家が焼却している。シェークスピア俳優カインツへの寵愛《ちょうあい》も短期間ながら有名だ。身分の低い召使《めしつかい》、大工、農民など、一夜限りの相手は数知れない。むしろそういう男たちといるほうが、王はリラックスしたようだ。

ルートヴィヒの母も薄々気づいてはいたらしい。いつまでたっても舞踏会や異性に関心を示さない我が子に、彼女は不安を募らせた。ルートヴィヒの寝室へ女優を送り込んだのは、母だといわれる。だが媚態《びたい》を示すその女優に、王は猫と向き合った鼠《ねずみ》のように恐慌《きょうこう》をきたし、部屋中逃げ回った。王妃の座や愛妾《あいしょう》の座を狙ったり、自分を誘惑しようとする若い女性ほどおぞましい相手はいない。どうにか会話が成り立つのは、年上の高貴な既婚女性だった。かつて保養地で二十一歳も年長のロシア・ロマノフ家の皇后マリア（アレクサンドル二世妃。美貌で知られた）と同席し、独身のその娘（大公女）には目もくれず、マリアに夢中になって周囲を呆れさせた。同性愛者であることを隠すのに、これはかなり好都合なシチュエーションだ。どれほど大っぴらに求愛しても受け入れられる怖れはなく、結婚してはどうかと勧《すす》められることもない。つまりこれほど安全な相手はいない。

その意味ではオーストリア皇帝フランツ・ヨーゼフ妃エリザベートもそうだ。しかしマリア皇后に比べてエリザベートは遥かにルートヴィヒに近かった。まず従姉弟《いとこ》同士である（もっとも欧米の言う「いとこ」というのは日本のように厳密な定義ではなく、縁戚関係にあれば誰でも「いとこ」と呼び合う。ルートヴィヒの曽祖父はエリザベートの祖父にあたる関係）。そのためルートヴィヒは幼少時から彼女の夏の別荘ポッセンホーフェン城へ何度か遊びに行き、その自由な雰囲気とのびやかさを羨《うらや》んでいた。ただ彼が七歳の時、エリザベートはハプスブルク皇帝に見初《みそ》められてウィーンへ嫁いでしまった。

ルートヴィヒが戴冠してまもなく、二十八歳のエリザベートはミュンヘンに彼を訪れた。すでに跡継ぎを産んだ後で、堅苦しいウィーン宮廷から逃れるため、あちこち旅して廻《まわ》っている途次《とじ》だった。ともに華やかなオーラを発する二人は、久しぶりの邂逅《かいこう》にもかかわらず、たちまち互いを理解した。芸術に対する繊細な感受性も、居場所の無さ自信の無さも、その反動のような矜持と高慢も、そして並外れた美貌ゆえに受ける他者からの視線の痛さと、それを避ける方法に長《た》けている点においても、よく似た姉弟《きょうだい》そのものだった。歯並びの悪いエリザベートが決して歯を見せて笑うことがなかったように、ルートヴィヒも晩餐《ばんさん》の席には目の前に巨大な花瓶を置き、あふれる花で視界を遮《さえぎ》っていた。「ヴィッテルスバッハ家のわたしたちは皆、変死する」、そうエリザベートが言ったというのは、この時のことだろうか、それとも単なる伝説か……。

彼女に対する特別な思いがあればこそ、ルートヴィヒは結婚を決めたのに相違ない、エリザベートの妹ゾフィとの。

二十歳になったルートヴィヒには、結婚への圧力が強まっていた。跡継ぎを作るのは王族の大事な仕事だから当然だ。女にはぞっとするが、エリザベートの妹ならもしかすると我慢できるかもしれない。彼の心にそうした希望が生まれ、交際が始まる。

バイエルン王国の美王からプロポーズされて喜ばない女性はいない。二歳下のゾフィにとって、ルートヴィヒは小さいころよく遊んだ仲だし、今はヴァーグナー・ファンという共通項もある。熱烈な愛の手紙、突然の夜中の訪問、高価なプレゼント……ゾフィは彼の愛を疑わなかった。ただ少し違和感があるとしたら、それはルートヴィヒが二人きりになるのを避けているとしか思えないこと、エルザだのイゾルデだのブリュンヒルデなどと、ヴァーグナー作品のヒロインの名でしか呼びかけないことだった。

一八六七年、年初、二十一歳の王は婚約を発表。国中が沸いた。オーストリア皇后を姉に持つ、地元バイエルン出身のお姫さまほど、我らが新王にふさわしい妃はいない。婚約記念写真が残されている。一見、お似合いの、若々しく美しいカップルだ。だが未来の妻がそのきりりとした意志的な両目でこちらを見据《みす》えているのに対し、未来の夫は現実感を欠いた瞳《ひとみ》を——いつものように——あらぬ先へ彷徨《さまよ》わせている。これではうまくゆくまい。

案の定、ふたりで出席した舞踏会でも、彼は彼女をそのまま置き去りにして、途中でオペラ観劇へ行ってしまう。非難に対しては、「ゾフィは婚約者ではあるが、わたしの臣下でもある」と言い放った。ほんものの臣下たちの心を冷やすに十分だ。ルートヴィヒの性向を知る者たちは、この婚約の行く末に確信が持てなくなる。挙式はルートヴィヒの誕生日にあわせた八月二十五日の予定だったが、その日が近づくにつれ、訪問は間《ま》遠《どお》になり、手紙は書かれなくなる。七月にエリザベートがミュンヘンを訪れ、その後バート・イシュルへ移る二時間の列車旅行に、ルートヴィヒも同行した。エリザベートならわかってくれるかもしれない、真実を話そう、そんな甘えでもあったのだろうか。結局は口をつぐんだようだが……。

実はこの時、ルートヴィヒは本当の恋に陥っていた。

遡《さかのぼ》って五月のこと。ベルク城に滞在していたルートヴィヒは、シュタルンベルク湖の対岸にあるポッセンホーフェン城へゾフィを訪ねるべく、馬の用意を命じた。馬の手《た》綱《づな》を持ってあらわれたのは、初めて見る若者だった。がっしりした身体に金髪碧眼《へきがん》の、まさにヴァーグナー作品の英雄を実体化したかのごとき美丈夫。ルートヴィヒは彼にも騎乗を命じ、ふたりは森へと馬を走らせた。ゾフィのもとへ行かなかったのは言うまでもない。以来、このリヒャルト・ホルニヒは十年以上にわたって王の心と体を虜にし続けた。例の『秘密の手帖』にもこう書かれている、「五月六日というあの素晴らしい日に知りあってから、あと二ヶ月で五年になる。我々が別れて暮らすことはもはやない。死に至るまで絶対に別れることはない」。

ホルニヒを知ってしまったからには、もうゾフィには耐えられない。もともと結婚など論外だったのだ。王は挙式を十月に延期した。賢明で地に足のついたゾフィは、この時点で覚悟したようだ。十月に正式な婚約解消が発表された時、エリザベートは母親にこんな手紙を書いている、「皇帝もわたしも激しい憤《いきどお》りを覚えています。（中略）それでもゾフィが気丈に振る舞っていると聞いて安堵《あんど》しました。あんな相手ではとうてい幸せにはなれなかったでしょう」（Ⓐ）。

エリザベートの憤激はどこからきたのだろう？　ルートヴィヒの秘密に気づいていなかったのだろうか？　それとも知っていてなお、彼が妹と結婚して子を生すことが——政略結婚とはまさにそういうことなのだから——可能と思っていたのか？　いずれにせよ、この事件があってもふたりが袂《たもと》を分かつことはなかった。「あんな相手」と怒りながらも交流は途絶えず、おそらく後年には彼女もルートヴィヒの性向を理解していたと思われる。

結果的にエリザベートは、彼女の責任ではないにせよ、姉に続き妹にまで恥をかかせることになった。姉ヘレネの見合いの席で（当時は見合いイコール婚約のようなものだった）、皇帝フランツ・ヨーゼフを魅了して皇妃の地位を奪ったことは、ヨーロッパ中に知れ渡っている。これはヘレネにとって大変な屈辱であるばかりか、愛されない、魅力の無い女、というイメージまでも与えてしまった。

今また妹ゾフィについて、人々は何と言うだろう。エリザベートほどの魅力が無かったから、捨てられたのだと噂《うわさ》するに違いない。実際、宮廷に近いところにいたコジマ・ヴァーグナーまで、「あの小娘のお嬢様は、ルートヴィヒ国王にふさわしくなかった」と意地悪くほくそ笑んだという。何も知らない国民ならなおのこと、婚約解消の原因はゾフィ側にあると思い込む。ヘレネ同様、愛されるに値しない女と。

しかしエリザベートの書いているように、ルートヴィヒと結婚したところでゾフィが幸せになったとは思えない。今度はきっと跡継ぎが生まれないのは彼女のせいだと、非難されただろう。ゾフィは結婚を急ぐ。バイエルンにはいたくなかった。翌年、ルイ・フィリップの孫にあたる、オルレアン家のアランソン公と結婚し、フランス人になった。穏やかな結婚生活だったらしい。子どもたちにも恵まれた。

悲しみの王妃にならずにすんだゾフィだが、それでもやはり変死したのだから痛ましい。エリザベートがジュネーブでイタリアのアナーキストに刺し殺されるちょうど一年前、一八九七年、五十歳の時。パリの慈善バザール会場で火災が発生し、ゾフィは売り子たちを身をもって庇《かば》い、自らは帰らぬ人となったのだ。「先に娘さんたちを助けて！」と叫んだというゾフィは、婚約記念写真のあのきりりとした目そのままだったのではないか。

謎の死

婚約解消によって人々を落胆《らくたん》させたルートヴィヒだったが、三年後の二十五歳で一時的に人気を盛り返す。普仏戦争がらみである。

老練な宰相ビスマルクが国王ヴィルヘルム一世をさしおいてプロイセンを率い、ナポレオン三世のフランスとついに一戦交えることになった。このころのドイツの状況は複雑で、プロイセンを盟主とする北ドイツ連邦と、いちおう独立国たる南ドイツ四ヵ国（バイエルン王国、ヴュルテンベルク王国、バーデン大公国、ヘッセン大公国）とに分かれていた。オーストリアを排除する形の統一ドイツを目論《もくろ》むプロイセンは、対フランス戦への参加をこの四ヵ国にも強く求めてくる。

ルートヴィヒは迷った。フランスはヴィッテルスバッハ家のバイエルンを王国に格上げしてくれた国であり、憧れのルイ太陽王の国でもある。一方プロイセンは、自分をも含めてゲルマン人の国だ。とはいえ長く迷ってはいられない。閣僚《かくりょう》に促され、ルートヴィヒはラテン語でこう答えた、「Bis dat qui cito dat」（早く与える者は二度与える）、迅速にプロイセンに恩を売るということだ。この決断の早さ正しさについて、ルートヴィヒの中でドイツ的なるものが勝利した瞬間だったと言う者もいるが、実際のところ彼に選択の余地などなかった。もし中立の立場を取っている間にプロイセンが勝利したら、バイエルンは独立国でいられなくなるだろう。またもしフランスが勝利したら、もっと悪い。ヴィッテルスバッハ家自体が断絶させられるかもしれない。プロイセンに与《くみ》するしかなかった。

宣戦布告が発表されるや、バイエルンは沸きに沸いた。フランスなど叩《たた》き潰せ！　ルートヴィヒはミュンヘンの王宮でバルコニーに立ち、民衆の熱烈な歓呼《かんこ》に応えた。珍しく本人もそれに酔いしれた。引き続きヴァーグナー『ワルキューレ』初演もあり、貴賓《きひん》席《せき》の王に対する観客の熱狂もまた凄《すさ》まじく、オペラ自体も好評を博した。ようやくヴァーグナーの真価が人々にも通じたのだ。素行《そこう》のよろしくない作曲家に莫大な金を浪費しているとの悪口は、オペラの力でかき消える。ルートヴィヒにとっては二重の勝利であった。

皮肉にも、しかしこの短い数日が国王としての絶頂期であり、また政治への関心の終わりとなる。まもなくプロイセン王の後継者フリードリヒ王太子（後のドイツ王フリードリヒ三世）が、南軍指揮官として閲兵《えっぺい》するためミュンヘンへあらわれると、人気は完全にそちらへ移る。金髪のこの逞《たくま》しい王太子は、普墺《ふおう》戦争におけるサドワ戦を勝利に導いた勇猛《ゆうもう》な軍人、且《か》つ自由主義思想を標榜《ひょうぼう》する知識人であり、ホーエンツォレルン家御曹司《おんぞうし》としてビスマルクにも堂々と反論することでも知られ、「我らがフリッツ（フリードリヒの愛称）」と親しまれていた。フリッツの行くところ興奮の渦が巻き、なで肩のルートヴィヒはその後塵《こうじん》を拝する他に術《すべ》はなかった。実際、フリッツがバイエルン貴族や兵士を引き連れて勇ましく戦場へ赴《おもむ》く後ろ姿を、ルートヴィヒはただ見送るだけである。しかも見送るに先立ってフリッツに手紙を書き、バイエルン王国の独立保証を父王へとりなしてほしいと頼まねばならなかった。誇り高いルートヴィヒの屈辱感はいかばかりであったろう。心の乱れは文字と行の乱れとなり、読み手を唖然《あぜん》とさせた。

戦争はナポレオン三世を捕虜《ほりよ》にしての、プロイセン大勝利に終わる。フリッツはまたも縦横無尽《じゆうおうむじん》に活躍し、大鉄十字章まで授与されたという。これでバイエルンは救われた、と喜ぶ臣下らを尻目《しりめ》に、ルートヴィヒは惨《みじ》めさを噛《か》みしめ、自己嫌悪に打ちひしがれる。彼はフリッツのようでありたかった。女の肉体を愛せる男に生まれ、結婚して後継者を作り、戦場で手柄をたてられたらどんなによかったか。国民は単に美しいだけの王に、いつまで満足してくれるだろう。

美しい？

いや、すでにルートヴィヒの外見が変貌《へんぼう》しつつあることは、フリッツのこの時の日記からうかがえる。曰《いわ》く、

「バイエルン王は驚くほど変わり、凜々《りり》しさは消え、前歯が抜け落ち、顔色も悪い。神

ドイツ王フリードリヒ三世

ルートヴィヒ二世

経質に絶え間なく喋《しゃべ》り続け、返事を待ちきれず、答えを聞くなりすぐまた無関係な質問を始める」(Ⓐ)と——。

軍事大国プロイセンに比べ、立場の弱いバイエルンを背負っていたのだから、フリッツの前で神経質になるのは当然だ。それより問題は美の喪失《そうしつ》だ。だいぶ前から歯痛に悩まされ、それでも歯科医に診てもらうのを嫌がって(敬愛するルイ太陽王が歯無しだったのを真似《まね》たわけでもあるまいが)抜けるがままにして面差《おもざ》しが変わる。また落馬で腰を痛めて以来運動不足の上、全く節制しなくなり、アルコール摂取過多と食べ過ぎで顔はむくみ、贅肉《ぜいにく》がつきはじめていた。二十代半ばというのに、もはや「若きアドニス」と呼ばれた時代、今いずこ。体重百二十キロの巨漢となるのもそう先の話ではない。幾重《いくえ》にもコンプレックスを抱えた王は、これまで以上に閣僚や政治家から身を離し、夢の世界の奥深くへと歩みを進めてゆく。すでにノイシュヴァンシュタイン城(「新白鳥城」の意)計画は発表され、ひたすらな城造りの幕が開《あ》く。

ルートヴィヒがアルプスに建てたのは、三城。正確に言えば、生前完成したのは一つ、あとは建設途上で亡くなった。

もっとも有名なノイシュヴァンシュタイン城は、二十四歳の時に定礎《ていそ》し、一部未完のまま四十歳から一年弱住んだ。こぢんまりしたリンダーホーフ城(「菩提樹《ぼだいじゅ》の館」の意)

ノイシュヴァンシュタイン城

ノイシュヴァンシュタイン城のルートヴィヒ二世
(レーケ画)

の定礎は二十九歳、完成は三十三歳で、ここには何度も長期滞在した。ヘレンキームゼー城（「キーム湖の男島」の意）は、リンダーホーフの完成と相前後した三十三歳での定礎で、未完だったし泊まったのは一回きり、それも一週間ほどにすぎない。

築城は当時のドイツ諸国における、いわば流行であった。民族意識の高まりや中世ゴシック様式への憧れ、さらにはロマン主義の浸透《しんとう》によって、王侯は古城を大々的に改修して壮麗な宮殿へ生まれ変わらせたり、擬古的《ぎこてき》な新城を建てて権威を誇った。そうした中でルートヴィヒの城が現在に続くまで世界中から観光客を集めているのは、規模においても徹底性においても群を抜いているからだ。ルートヴィヒの夢と憧れが全て詰まっている。中世騎士道への、ルイ太陽王時代への、ヴァーグナーのオペラ世界への、常軌《じょうき》を逸《いっ》した憧憬《しょうけい》と没我が、やはり見る者を異様に揺さぶるのだ。

ノイシュヴァンシュタイン築城にあたり、ルートヴィヒはヴァーグナーへの手紙に、「眺めのいい場所に、ドイツ古来の様式にかなった騎士の城」を建てるつもりだと書いている。確かにこの城は下界から見上げると、遥かな高みの鬱蒼《うっそう》たる森の中に、白鳥の名にふさわしく真っ白な美しい姿を見せている。だが内部はキッチュだ。様式はビザンチンからゴシック、ロマネスク、バロックと何でもありだし、各室の壁や天井はトリスタンやタンホイザーやリングのオペラシーンで埋め尽くされている。

リンダーホーフ城のほうは、フランスの小トリアノンの模倣《もほう》。絶対君主の光輝《こうき》にふさわしく、全てのものがロココ風味をさらにきつくし、金ピカと装飾過多で覆《おお》われている。ルイ十四世や十五世、マリー・アントワネットの銅像が立つ。地下にはナポリの「青の洞窟」を模した人工洞窟まで造られ、最新の電気照明を使って七色に照らされ、貝殻《かいがら》をかたどったボートが浮かぶ。ディズニーランド以外の何ものでもない。ルートヴィヒは時々その小舟に、お気に入りの若い男と同乗したという。

湖の中島、ヘレン島に建つヘレンキームゼー城は、ヴェルサイユ宮殿の小型版だ。ただし「鏡の間」は本家より八メートル長いのが自慢だった。執務室には、リゴー作のあの有名なルイ十四世肖像画の模写が飾られている（ルートヴィヒはフランス王になりたかったのか、それともドイツ中世騎士になりたかったのか？）。

ミュンヘンを壮大な模型博物館へ変えた祖父と同じく、ルートヴィヒも独創性には乏《とぼ》しかった、との批判がある。それはある意味正しいが、厳しすぎよう。芸術家と芸術愛好家は違う。彼は新たなものを産みだそうとしたのではなく、芸術家が創《つく》りあげた世界に溺《おぼ》れ、陶酔《とうすい》したかっただけだ。その溺れ方、陶酔のし方が、絶大な権力者の立場にあったため、途轍もないスケールになった。

築城し、内装を考えている分には、嫌な現実を忘れられる。いつかはプロイセンの主導するドイツ帝国に吸収されるだろうとの予感、国民の期待に背いているとの自己嫌悪で、ルートヴィヒはいよいよ他者の視線を厭《いと》い、オペラや芝居見物は劇場を貸しきり状態にして、完全に客席に一人きりで観るようになった。ミュンヘンにはほとんど居つかず、国民の前に顔を見せることは無くなり、臣下は時に王の所在を見失ってうろたえた。

恋人ホルニヒはすでに去り、結婚してしまっていた。ルートヴィヒを相手にするのは並大抵のことではない。エネルギッシュなヴァーグナーでさえたちまち辟易したのだから、むしろホルニヒが十年も我慢し、誠実であり続けたのは、それだけ互いの愛が深かった証《あかし》だ。それでも最終的にはホルニヒは世間と折り合いをつけ、王の許《もと》を離れた。ルートヴィヒと違い、女の体も愛することができたからだ。

寂しいルートヴィヒは三十五歳にして、第二のホルニヒを見つけたと思った。役者カインツ。舞台上の彼に一目惚《ひとめぼ》れした王は、さっそく城へ招待し、翌年にはスイス旅行へも連れてゆく。だが王が求めたのはカインツその人というより、カインツ演じるハムレットでありマリオン・ドロルム（ユゴーの戯曲の主人公）だったので、齟齬《そご》をきたすのも早かった。王がお払い箱にしたとされるが、カインツのほうがうんざりして逃げ出したというのが真相であろう。

王の生活はヴェールに包まれていたが、荒《すさ》んでいるのは漏《も》れ聞こえてきた。さまざまな噂がかけめぐる。城の建設現場をひんぱんに訪れ、大工や手伝いに来た近村の農民など無教養な輩《やから》と酒を酌《く》み交わす時だけリラックスしているとか、美青年を次々ベッドへ招いているなど。

陰惨《いんさん》な噂もある。小型バスチーユの塔は拷問用《ごうもんよう》に建てたもので、その内部では多くの若者が鞭打《むちう》たれ、焼印《やきいん》を押され、中には殺された従僕《じゅうぼく》もいる。アルコールで制御できなくなった鬱屈《うっくつ》した怒りと、なかなか訪れなくなったオーガズムを得るための、それは犠牲者だという。

噂が仮にほんとうで、下層民が王に殺されたのだとしても、この時代それは大して問題ではなかった。問題にされたのは財政悪化だ。ヴァーグナーへの過度な援助と築城の連続に莫大な借財ができ、国は破綻《はたん》一歩手前だった。財務大臣が出費を抑えるよう進言しても、半ば太陽王化していたルートヴィヒは、「朕《ちん》は国家なり」を真似たか、「朕が望むところを行うのは、王の特権」と、さらなる新城建設計画まで明かす。これ以上、空っぽの城を建てられては敵《かな》わない。王の道楽は度を越えている。もはや廃位しかない——そんな空気が宮廷に醸《かも》しだされてゆく。どうせもう長い間、政務から遠ざかっているのだ。醜く身体の崩れた無能な王で、国民の人気も薄い。首をすげ替えても影響は少ないだろう。

中心になって廃位を推《お》し進めたのは、ルートヴィヒの叔父《おじ》ルイトポルト公だった。もちろん公自らが王位に就くわけにはいかない。そこで閣僚たちと謀《はか》り、幽閉の身のオットー（ルートヴィヒの弟）を即位させ、自分は摂政《せっしょう》として実権を握る。オットー亡き後は我が子を王座につけるという算段だ（その通りになる）。完全なクーデターだった。

廃位の理由に関する合意はすぐできた。狂気だ。あれやこれやの異常な行動の証拠なるものが警察の手で集められ、急いで調書にまとめられた後、著名な精神医学者グッデン博士が招聘《しょうへい》された。博士はかつてルートヴィヒ少年が弟の首を絞めたとき、王妃の求めに応じて兄弟を診察したこともある。オットーが錯乱した時、半永久的に入院という措置を取ったのも博士だった。

グッデン博士は娘婿《むすめむこ》を含む親しい医者三人を集め、急遽《きゅうきょ》ルートヴィヒを診断する「医師団」を結成した。医師団の誰も長い間ルートヴィヒに会ってすらいなかったし、この度も実際の診察は何もしないのに、警察の調書を読むだけで断定した、「陛下《へいか》はパラノイア（妄想症）」「これは不治の病」「王権維持は一生不可能」（当時まだフロイト説は知られていない）。

一八八六年六月、午前四時、ノイシュヴァンシュタイン城にいた四十歳のルートヴィヒは、ふいを襲われる。憲兵といっしょに来たグッデン博士は廃位を告げ、今夜中にシュタルンベルク湖畔のベルク城へ連行する旨《むね》を読み上げた。王は、「診察もせずになぜ精神に異常をきたしたとわかるのか？」と聞いたという。博士の答えは、調書を読めば十分、というものだった。

ルートヴィヒは思い出していたに違いない。オットーの幽閉が決まった時、彼はグッデン博士に猜疑《さいぎ》の目を向けながら、母に「わたしのことまで異常だと言わなければいいのだが」とつぶやいたのだ。今にしてみれば怖ろしいばかりの予言であった。

馬車に揺られて八時間、昼にベルク城へ着く。グッデン博士の与《あずか》り知らぬことだが、この城はルートヴィヒとホルニヒの最初の出会いの場所であり、すぐそばのシュタルンベルク湖畔は彼と馬で駆けた場所だ。王は一貫して冷静だった。用意された部屋には手回しよく柵《さく》や覗《のぞ》き窓《まど》が取り付けられており、監視人に囲まれていたが、気にする素振《そぶ》りもなかった。観念しておとなしくしているように見えた。その日は軽い食事の後すぐ寝た。雨がずっと降り続いていた。翌朝、理髪師に髪と鬚《ひげ》を整えさせ、博士が食べ過ぎ飲み過ぎを注意したにもかかわらず、旺盛《おうせい》な食欲でたっぷりの食事とワインをとる。博士はその様子に、「王は子どもみたいだ」と同僚に言う。午後、雨が止《や》んだので、見張り兵と看護人同行で湖の周りを少し散歩した。グッデン博士はミュンヘンへ電報を打つ、「これまでのところ、万事良好」。

夕方四時半、ルートヴィヒは博士を散歩へ誘う。何もすることがないし、軽い運動は健康のためにもなる、シュタルンベルク湖は久しぶりで懐《なつ》かしい、との言葉に博士はうなずく。看護人が同行しようとするのを、ルートヴィヒは「供《とも》はいらない」と拒絶する。せっかくの機嫌を損ねてはまずいと判断した博士は、二人だけで大丈夫、遅くとも八時までには帰ると告げて、再びの空模様を案じて傘を持って歩き出す。

その八時には激しい雨となった。外は真っ暗だ。城の人々の不安は高まる。八時半になってももどらないので、ミュンヘンへ「王とグッデン博士失踪《しっそう》」の電報を打つとともに、医者も兵も看護人も従僕も皆でカンテラを掲《かか》げて一帯を捜索《そうさく》する。湖畔で博士の帽子と王の上着が見つかった。舟を出す。オールで水をかきまぜる。十時半、まずワイシャツ姿のルートヴィヒ、その後、岸に近いところで博士が見つかった。ふたりともすでに死んでいた。前者の時計は六時五十四分、後者の時計は八時で止まっていた。

遺体の検証でわかったのは——博士は扼殺《やくさつ》。擦過傷《さつかしょう》や引っかき傷もある。王の死因は脳出血。

何が起こったのだろう?

王が博士の首を絞めて殺した。これは間違いないようだ。突然の狂気に襲われたのか、それとも医者の分際《ぶんざい》で国王を牛耳《ぎゅうじ》ろうとする無礼者への怒りと復讐《ふくしゅう》からか? その先もわからない。博士を殺した後、ルートヴィヒは世をはかなんで自殺したのか、それとも得意な泳ぎで向こう岸(そこにはエリザベートの実家ポッセンホーフェン城がある)へ渡ろうとして力尽きたのか?

ベルク城へ到着してからのルートヴィヒの行動を見ると、緻密《ちみつ》な計算がうかがえる。周囲を安心させ、油断させて行動をおこしたとしか思えない。王は最初からグッデン博士を殺すつもりで夕闇を待った。すっかり患者をなめてかかっている老医師は、相手が

晩年のルートヴィヒ二世

ルートヴィヒ二世の遺体

急に襲ってきたとき、抵抗する間もなかった。王は百九十センチ、百キロ近い巨漢で、憤怒《ふんぬ》も凄まじい。そうだ、これまでのありとあらゆる怒りと憎しみは、ようやく一つの目標へ向けられた。常に人から視線をそらせてきたルートヴィヒだが、この時ばかりはまっすぐグッデンの目を捉《とら》えていたに違いない。死んだと確信できるまで見据え続けたはずだ。縊《くび》り殺すと、息を吹き返さないよう、念を入れて水際まで引きずった。それから向こう岸目指して泳ぐため、上着を脱ぎ捨てる。シュタルンベルクは浅い湖だ。腰まで浸《つ》かって歩きだす。逃げのびたら、叔父ルイトポルト公を反逆罪で逮捕できる。ビスマルクも味方してくれるはずだ。泳いで逃げれば……しかしあまりに激しい興奮、あまりに激しい行為、さらに過度の肥満、冷たい水と雨が加わり、ルートヴィヒの脳内で命の糸が突然断ち切られる。王は水に沈む……。

いや、それはあくまで想像にすぎない。

別の想像もできる。ルートヴィヒは自殺したのかもしれない、苦しみを終わらせたくて。ついこの一週間前にも、例の『秘密の手帖』にこう書いたばかりだ、「最後の官能の過《あやま》ち。キスはもうやめる。覚えておけ、覚えておけ」。心と魂だけでなく、今度は肉体までも一生囚われると知った時、彼は覚悟したのではないか。だから明日はないもののように、たっぷりの昼食とワインを味わったのではないか。

それとも謀殺《ぼうさつ》されたのだろうか。ルートヴィヒが精神異常などでないと知っていて、完全に排除するには殺すしかないと考えた者たち（それは当然ルイトポルト一派ということになろう）が夜陰《やいん》に乗じて襲ったのかもしれない。水中へ引きずり込んで溺死《できし》させようとすると、その前に王は脳出血を起こした。次いで口封じに博士も扼殺する（だから二人の時計の針は一致していない）。

それとも……。

ルートヴィヒの死はこうして永遠の謎となる。ヴィッテルスバッハ家の者は皆、変死するとの言葉どおりに。そして王の心臓は、ヴィッテルスバッハ家の埋葬法にしたがって――ハプスブルク家同様――遺体から取り出され、銀の壺《つぼ》に入れられて祀《まつ》られた。

ちょうどこのころ留学中だった森鷗外《もりおうがい》は、王が死んだと聞いたその日の日記に「ウルム湖の水に溺れたりしなり」と記している。詳細が知られていないリアルタイムの感想なので、同業であるグッデン博士に共鳴し、その死を悼《いた》んでいる。翌月にはわざわざ湖を訪れ、漢詩も作った。

そして今、ウィーンはエリザベートの、ミュンヘンはルートヴィヒのグッズやスーベニアであふれている。彼らはレジェンドになったのだ。使われている写真や絵はどれも、輝くように若く美しかったころのものばかり……。

第二章　アレクサンドル三世妃マリア

Maria Fyodorovna（1847-1928）
デンマーク王クリスチャン九世と王妃ルイーゼの次女。
ロシア皇帝アレクサンドル三世の皇后。
愛称はミニー。

アレクサンドル三世妃マリア

〈グリュックスブルク公〉
フリードリヒ・ヴィルヘルム ＝ ルイーゼ・カロリーネ

〈デンマーク王〉
クリスチャン九世
(1818-1906)
＝
ルイーゼ・フォン・
ヘッセン
(1817-1898)

〈デンマーク王〉
フレゼリク八世
(1843-1912)

〈ギリシャ王〉
ゲオルギオス一世
(1845-1913)

テューラ
(1853-1933)

ヴァルデマー
(1858-1939)

**マリア・
フョードロヴナ
(1847-1928)**
＝
アレクサンドル三世
(1845-1894)

〈イギリス王〉
エドワード七世
(1841-1910)
＝
アレクサンドラ
(1844-1925)

アレクサンドラ・
フョードロヴナ
(1872-1918)
＝
ニコライ二世
(1868-1918)

男　男　女　男　女

オリガ
(1895-1918)

タチアナ
(1897-1918)

マリア
(1899-1918)

アナスターシャ
(1901-1918)

アレクセイ
(1904-1918)

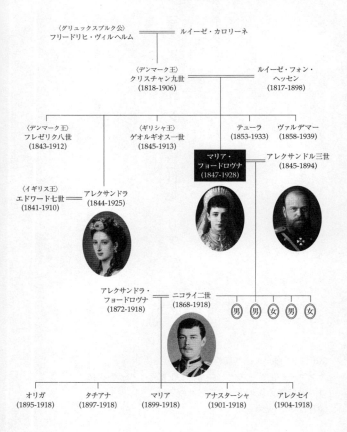

美人姉妹

昔むかし、デンマークという小さな国の首都コペンハーゲンに、「黄色い館《やかた》」と呼ばれるこぢんまりしたおうちがありました。そこにはとても可愛《かわい》らしい姉妹アリックスとミニーが、歳《とし》の近いお兄さんと弟、それからもちろん両親ともいっしょに暮らしていました。黄色い館はデンマーク王室が無料で貸してくれたものです。なぜなら一家は王様の親戚《しんせき》でありながら、お金持ちではなかったからです。お姫さまなら当然いるはずの住み込み家庭教師も、アリックスとミニーには付いていませんでした。勉強を教えるのは両親です。そういう育ち方でしたので、少女たちはツンとお高くとまることもなく、どんな階級の人に対しても分け隔てなく自然に接することができました。周りの誰もが、たちまち二人を大好きになったのもあたりまえですね。でもアリックスはミニーが、ミニーはアリックスが、誰よりも一番好きでした。三つ違いの姉妹は顔がそっくりで、髪が真っ黒なのも、瞳《ひとみ》がダークブルーなのも、明るくてユーモアがあって優しいところもそっくりで、一足の靴下みたいに仲良しで、生まれたときから死ぬまで、ずっとずっと仲良しのままだったのです——。

デンマークが誇る童話王アンデルセンなら、こういうふうに物語を始めたかもしれない。

実はこの黄色い館にアンデルセン自身も招かれたことがあり、子どもたちに『雪の女王』や『人魚姫』など自作の童話を朗読したり、得意の切り絵を披露《ひろう》して喜ばれた。当時四十代のアンデルセンは、各国の王侯《おうこう》貴族や富裕層、またさまざまな分野の芸術家から招待を受ける世界的名士で、そんな彼にとってもアリックスとミニーの愛らしさは格別だった。しかしまさか姉妹が二人そろって大国の王妃になるとの予想まではつかなかった。王家へ繋《つな》がる血筋とはいえ、幼い少女たちの身分はまだそう高いと言えなかったからだ。

月日が流れて姉娘がイギリスへ、妹娘がロシアへ、美しい花嫁となって嫁《とつ》ぐ際、見送る一行《いっこう》の中にアンデルセンが交じっていたのは言うまでもない。彼はミニーを「心優しき王女」と記している。

デンマークは、八世紀から十一世紀にかけてのヴァイキング時代をピークに、だんだん他国から侵蝕《しんしょく》され、縮小していった国だ。

まず十七世紀に三十年戦争（ヨーロッパ中を巻き込んだ宗教戦争）に介入・敗退した

のが不運の始まりで、国力の疲弊《ひへい》にもかかわらずさらにスウェーデンに挑み、負けてゴットランド島を取られる。次の王もスウェーデンと戦い、スンド海峡以東を全て奪われて、北欧における覇権《はけん》を失う。なおまだ懲《こ》りず、十八世紀の北方戦争（バルト海をめぐるロシアや北欧の戦争）に加わり、またまた宿敵スウェーデンに惨敗《ざんぱい》して完全なる小国へ転落してしまう。これ以降、政府は中立堅持を目指して努力し続けたが、十九世紀初頭のナポレオン戦争時に、王が独断でナポレオン側につくことを決め（この時アンデルセンの父親も従軍し、心身に深いダメージを受けて帰宅）、おかげで四百年も支配してきたノルウェーまで失った。

こうして田舎の二流国となったデンマークは、絶対君主制ではもう立ち行かないと、一八四九年、フレゼリク七世の代に立憲君主制へ移行した。とはいえ絶対君主から立憲君主への変身は一朝一夕《いっちょういっせき》にはゆかないもので、フレゼリク七世は政治に口を出し続けた。また中立主義の維持《いじ》も容易でなく、南部シュレースヴィヒ＝ホルシュタインを狙《ねら》うプロイセンと開戦した（第一次シュレースヴィヒ＝ホルシュタイン戦争）。

このフレゼリク七世が、三度も結婚したのに中年すぎてまだ子どもがいない。しかも三人目の妻は「貴賤《きせん》結婚」のため、子ができても王位は継げない。弟もいない。王位継承権のあった公子は、あろうことかシュレースヴィヒ＝ホルシュタイン戦争でドイツ側に味方したため、権利を放棄《ほうき》せざるを得なくなり、当然その息子も継げなくなった。男系が途絶えた場合の女系も検討されたが、サリカ法（女王は認めない）があって難しい。

こうしてアリックスとミニーの運命が大きく転換し始めたのである。

姉妹の両親は、又従姉弟《またいとこ》どうしの結婚。父はフレゼリク五世の女系の曽孫《ひまご》、母はクリスチャン八世の妹の娘で、いずれにせよ現王家から見れば、かなり遠い傍流《ぼうりゅう》でしかない（国民総生産の低い小国の女系王族に財力が無いのも道理だ）。しかし先述したような消去法により、一八五二年、アリックス八歳、ミニー五歳の時、父の王太子就任が議会で決定された。ビッグチャンス到来だ。

一家は新宮へ引っ越す。新宮とはいっても、国王の宮殿でさえ——財政難の小国に見合った——地味なもので、ヴェルサイユ宮やエルミタージュ宮とは雲泥《うんでい》の差なのだから、王太子の住まいなどはさらに質素だ。また宮廷費もわずかで、暮らしぶりもこれまでとそう変わらなかった。それでも王位継承者という地位には期待がもてる。これまでのように、単に王族の末端に連なっているだけでは娘たちの縁談もままならなかったろう。

むろん油断は禁物だ。フレゼリク七世はこの時まだ四十五歳であり、最初と二番目の妃《きさき》を追い払ったように、今の妃とも離婚して若い新しい妃との間に子を生《な》す可能性はゼロではない。それより何より、王は傍系の王太子を議会から押し付けられて不快だった。彼は汎《はん》スカンジナビア主義（ノルマン人たる北欧諸国の統一）に共鳴し、場合によってはスウェーデン王の息子を養子にもらうことまで視野に入れていた。フレゼリク七世が生きている限り、王太子一家の未来設計は綱渡り的だった。

だが十年後、飲んだくれで女好きのフレゼリク七世は、長生きすることも跡継ぎを得ることも大北欧帝国を作ることもできないまま病死した。とうとう姉妹の父が王冠を被《かぶ》る日が来たのだ。クリスチャン九世の誕生であり、アリックスとミニーは王女となり、長兄は王太子となった。お伽噺《とぎばなし》ならこれでメデタシメデタシかもしれないが、即位後すぐクリスチャン九世を大きな試練が襲う。第二次シュレースヴィヒ＝ホルシュタイン戦争の勃発《ぼっぱつ》である。デンマークはプロイセン・オーストリア連合に叩《たた》き潰《つぶ》され、シュレースヴィヒ公国、ホルシュタイン公国、ザクセン＝ラウエンブルク公国を割譲《かつじょう》させられた。実に国土の四割を減らされたのだ。小国はさらにいっそう小さく萎《しな》びる。

アリックスとミニーが大のドイツ嫌いとなったのも無理はない。


敗戦による国家経済の危機的状況は、やがて植林などの産業育成で少しずつ立ち直ってゆくのだが、クリスチャン九世の王室財産はむしろ「子どもたち」といえただろう（黄色い館を出た後も子どもは増え続け、全部で六人、三男三女となる）。クリスチャン九世に付けられたあだ名は、「ヨーロッパの義父」。息子と娘が各国の王や王妃になり、さらにその婚姻《こんいん》関係によって網の目状のつながりができたことが、デンマークのその後の平和に大きく貢献《こうけん》した。

まず長男だが、父の跡を継いでデンマーク王フレゼリク八世となる。妃はスウェーデン王の娘。

長女アレクサンドラ・カロリーネ・マリー・シャーロッテ・ルイーセ・ユリア（愛称アリックス）は、イギリスのヴィクトリア女王の息子（王太子）と結婚。彼は後にエドワード七世となる。息子はジョージ五世。

次男はギリシャの混乱による前王の廃位で、棚からボタ餅式《もちしき》に王冠を得る。十七歳でギリシャ王ゲオルギオス一世として即位したのだ。妃はロシア皇帝ニコライ一世の孫。ふたりの間の長男は、ギリシャ王コンスタンディノス一世となる。

次女マリー・ソフィー・フレデリケ・ダウマー（愛称ミニー）は、ロシア皇太子と結婚。彼は後に皇帝アレクサンドル三世となる。息子はニコライ二世。

三女は、ハノーヴァー王国の元王太子と結婚（「元」というのは、ハノーヴァーがプロイセンに併合されたため）。彼女の相手だけ格下なのは、独身時代に身分の低い軍人との間に子を産んだせいだと言われる。ミニーの六歳下、アリックスの九歳下だったこともあり、姉たちとの親密度も低かった。

三男は、ブルガリアとノルウェーの国王候補になったが、どちらも実現せず、長く軍隊に奉じた（海軍提督）。フランス王ルイ・フィリップの曽孫と結婚。

つまりスウェーデン、イギリス、ギリシャ、ロシア、ドイツ、フランスとつながった

クリスチャン九世の家族写真 (1862年)

エドワード七世妃アリックス

のだ。そうとうな広範囲だ。もう少しでブルガリアかノルウェーまで加わるところだった。

ちなみに、有名な「大津事件」でニコライ皇太子（後のニコライ二世）が狂信的な日本人の巡査《じゅんさ》に切りつけられた時（拙著『名画で読み解く　ロマノフ家12の物語』光文社新書参照）、後ろの人力車から飛び降りて援《たす》けに駆けつけたギリシャ王子というのは、ミニーの甥《おい》、つまり兄（ギリシャ王ゲオルギオス一世）の次男だった。ギリシャ王子ならギリシャ人かと思えばさにあらず、デンマーク人とロシア人の間に生まれた子であり、ニコライ皇太子とは従兄弟《いとこ》なのだ。

このあたり、日本に住み日本語を話し日本人の天皇家を持つ我々には実にもって理解が難しい。だが例えばハプスブルク家のフランツ・ヨーゼフ皇帝の弟など、縁もゆかりもないメキシコへ皇帝になるため妃を連れてはるばる海を越えたし、現スウェーデン王室の始祖はナポレオンの部下だったフランス将校、また現イギリス王室の始祖は英語を話せないドイツ人だった。ヨーロッパの王族は、常に虎視眈々《こしたんたん》と他国の王座を狙い、そのための準備もおさおさ怠《おこた》りなく、いったん王冠を被ったならあらゆる努力を傾けて王朝を繋げようとするのだ。全く敵《かな》わない。

閑話休題《かんわきゅうだい》。

クリスチャン九世が「ヨーロッパの義父」になれたのは、何といっても王族の末端から一挙に国王の座についたおかげだが、もう一つの理由として、娘たちの美貌《びぼう》があげられよう。アリックスもミニーも——各国大使の口を通じ、また写真で評判となり——しばしばフランツ・ヨーゼフ妃エリザベートと比較された。

エリザベートはアリックスより七歳上で、結婚も十六歳と早かったので、すでにヨーロッパ中で、美妃が国民に与える多大な影響の好例となっていた。君主制への批判が高まる中、それを和《やわ》らげるために、どこの王室も高貴で美貌の妃を喉《のど》から手が出るほど欲しがった。デンマークは小国といえど王国で、しかも美しい王女となれば、ぜひ我が国へおいで願いたい、というわけだ。

十九歳のアリックスへの打診は、超大国イギリスから来た。ヴィクトリア女王の問題児アルバート・エドワード王太子の相手である。女王としてみれば、手のつけられない遊び人の馬鹿《ばか》息子に、美貌の妻を与えておとなしくしてもらいたいとの思いもあった。アリックスも未来の夫の悪評は聞いていたが、自分の力で彼を変えられるかもしれないと乙女心に夢みたし、何であれ、この縁談は絶対成立させねばならなかった。他に先駆けた産業革命で「世界の工場」と呼ばれ、空前の繁栄《はんえい》を誇るイギリスと婚姻関係を結べば、両親のためにもデンマークのためにも計《はか》り知れない利得となる。

こうして孝行娘は生まれ故郷を離れて行った。ずっと同じ部屋で育った仲良しのミニーとの別れは涙が出るほど辛《つら》かったが、しかし姉妹はこの日の来るのがわかっていたし、また王女たるもの、そうでなければならないと覚悟してもいた。次はミニーだ。姉に勝るとも劣《おと》らない玉《たま》の輿婚《こしこん》のオファーが来る。ロシアのロマノフ家。この王室はヨーロッパ一の富豪として知られていた。馬鹿息子であろうが女狂いであろうが断らないほうがいい。

十七歳のミニーを、ニコライ・アレクサンドロヴィチ皇太子が訪れた。幸いにして愚かでも女好きでもなかった。この時の様子が伝えられており、皇太子はお茶目なミニーとの会話で何度も笑い声をあげていたという。コペンハーゲンの王宮でのツーショットを見ると、ふたりの間にはすでにして恋の予感がうかがえる。ミニーは皇太子の肩に手を置き、皇太子は満たされた笑みを浮かべている。素晴らしいロイヤル・カップルだ。

ところが翌年、挙式が間近に迫ったある日、誰にも思いもかけない形で結婚は無効になってしまう。皇太子が髄膜炎《ずいまくえん》で急死したのだ。まだ二十一歳だった。

ダモクレスの剣《つるぎ》

婚約者を突然亡くしたミニーのショックは大きかった。皇太子への想《おも》いを育《はぐく》んでいるところだったし、ロシア皇妃になるための心構えや勉強を重ねていた矢先である。行き場を失った迷い子のように泣き暮らし、両親もどうやって慰《なぐさ》めていいか途方にくれた。

だが幸運の女神は、まだ彼女のそばにいた（長い目で見れば、それともそれは不運の女神だったのか……）。元婚約者の父アレクサンドル二世から心のこもった手紙が届き、そこには、今でもあなたをロマノフ家の一員と思っている、よければ次男アレクサンドル（兄の死で皇太子へ格上げ）の妃になってはくれまいか、と書いてあった。

ミニーは嫌がる。若い娘としては当然の反応だ。だが王女の身としては迷う。これ以上の良縁が舞い込む希《のぞ》みはもうないとわかっているからだ。どこの国の誰と結婚するかで、人生は恐ろしいばかりに変わってくる。大国ロシアの皇太子妃、末は皇妃という道筋をいったん思い描いた後に、ドイツの大公やフランス貴族のもとへなど嫁げるものではない。そこへ両親や姉アリックスの、ぜひこのプロポーズを受けるようにとの強い一押しがあった。ついにミニーは首を縦《たて》にふる。

翌年六月、十八歳のミニーをアレクサンドル皇太子が訪れ、ツーショットの婚約記念写真が撮られた。二年前の兄に対する時のように、今度の弟にはさすがにぴったり寄り添うことはできなかった。二人は椅子をはさんで少し離れて立ち、小柄なミニーは頑健《がんけん》な大男アレクサンドルの肩にしか背が届かない。彼女はカメラを見つめているものの、将来の夫はどこか別のほうへ視線を向けている。写真からは親密感が微塵《みじん》も感じられず、果たしてこのカップルはどうなるのかと危ぶまずにおれない。ところがそれは杞憂《きゆう》だった。政略結婚にもかかわらず、また達磨落《だるまお》としのような順送りにもかかわらず、彼らは稀《まれ》にみる幸せな夫婦関係を築きあげる。アレクサンドルは妻を生涯大切にし、父や祖父や先祖の誰とも違い、妃一筋、唯《ただ》のひとりも愛妾《あいしょう》を作らなかった。後年、お召し列車事故で転覆《てんぷく》した車両の屋根が崩《くず》れかかった時、彼はその盛り上がった肩と背中で妻子を守り抜いたという。

婚約写真撮影から約二ヶ月後、ミニーはサンクトペテルブルクで王族や宮廷に温かく迎えられた。皇帝アレクサンドル二世妃マリア・アレクサンドロヴナもミニーに好感を持ち、嫁姑《よめしゅうとめ》の関係はこの先ずっと良好だった（ちなみにバイエルン王ルートヴィヒ二世が夢中になったのは、このマリア・アレクサンドロヴナの方だ。四〇ページ参照）。プロテスタントだったミニーはロシア正教に改宗し、大公女（皇帝から直系三代までしか大公と大公女を名乗れない）の位を特別に拝受した。名前もロシア風のマリア・フョードロヴナに改まった。これで皇太子妃マリアへの準備は万端だ。結婚式は十九歳の誕生日がくる少し前に、壮麗《そうれい》なバロック様式の冬宮《とうきゆう》（現エルミタージュ美術館）で華やかに行われた。アリックスは三人目の子を妊娠中で来られなかったが、夫のアルバート・エドワード王太子が列席。これが仲良し姉妹の、家族ぐるみの長い付き合いの始ま

婚約時のニコライとミニー

アレクサンドル三世とミニーの婚約写真

りである。

大公女は婚礼に際し、エカテリーナ一世の代から伝わる宝飾品一式を身につけることになっていた。巨大な赤いスピネル（尖晶石《せんしょうせき》）を嵌《は》め込んだ重量二キロの宝冠、ダイヤを繋げたネックレスと腕輪、さらにサクランボ形イヤリング。イヤリングは片方に三つずつサクランボのような大粒ダイヤモンドが垂れており、重すぎてそのままつけると耳たぶがちぎれるほどの代物だったから、ピアスではなく大きな輪でぐるりと耳全体に引っかける仕組みだった。それでも長い間つけ続ければ痛くなったと、このおよそ半世紀後に、「最後の大公女」マーリヤが自伝に書き記している。

貧しい祖国の宮廷暮らししか知らなかったミニーことマリア・フョードロヴナにとって、ロマノフ家の豊かさは予想を遥《はる》かに上回り、目を瞠《みは》るほどだった。皇帝の玉座ひとつとっても、あしらわれた宝石の数、驚くなかれ、ダイヤ九百五十五個、ルビー百四十個、真珠百二十九個だ。そうした無尽蔵《むじんぞう》ともいうべき王室財産は、何世紀にもわたる非人間的な農奴制《のうどせい》の上に積み上げられたものだが、雲の上に住む王侯に、国民の血を搾《しぼ》り取っている自覚は無かった（マリア自身もだ）。

愛妻家アレクサンドルは、復活祭には毎年マリアにイースター・エッグをプレゼントした。彼の死後は息子のニコライ二世が「愛するママ」と自分の妻に一個ずつプレゼントするようになり、マリアは合計で四十個近いエッグを所有した。これらは殻にカラフルな色を塗っただけの、ありふれた茹《ゆ》で卵《たまご》の飾り物ではない。当時の天才デザイナー、ファベルジェの手になる、黄金や宝石をちりばめた超豪華なインペリアル・イースター・エッグ。しかも個々の作品には必ず何らかのサプライズが仕掛けられており（中から鳥が飛び出すなど）、現在ではもう制作できる人間がいないと言われるほど凝《こ》っている。二〇〇四年にニューヨークで九個がオークションにかけられたが、安いものでも三億五千万円、最高値のものは二十億円というから、凄《すご》さが実感できよう。

またマリアは夫とともに、あるいは姉のアリックスといっしょに毎年のようにパリで休暇《きゅうか》を過ごし、その度に宝飾店で豪勢《ごうせい》な買い物をしたことで知られる。そうした値を付けられないほどの宝石の数々は、後の亡命生活をたっぷり潤《うるお》したのであった。

皇太子夫妻はサンクトペテルブルクのアニチコフ宮を住まいとした。百年ほど前にエカテリーナ大帝が寵臣《ちょうしん》ポチョムキンに贈った館で、彼の死後またロマノフ家所有にもどり、拡張工事のなされたがっしりした王宮だ。子どもたちもここで育った。はちきれんばかりに若く健康なマリアは、人々の期待に応えて次々に子どもを産んだのだ。二十歳で長男（後のニコライ二世）、二十一歳で次男（この子だけは一歳に満たずに早世）、二十三歳で三男、二十七歳で長女、三十一歳で四男、三十四歳で次女。

偶然にもアリックスもやはり六子産んで、一人だけすぐ亡くしている。どちらも五人の子ども。どこまでも仲良し姉妹だった。ただし夫婦関係は正反対だ。アリックスの夫アルバート・エドワード王太子の問題児ぶりは、美女を娶《めと》ったからといって変わるものではなく、派手好き旅行好き女好きは治《なお》らず、愛人を平気で寝室に出入りさせて妻の神経を逆撫《さかな》でした。もっともアリックスも負けてはおらず、子どもたちに対し、父親のようになってはいけない、と常日頃から他人にも聞こえる場で言っていた。

この悲惨《ひさん》な関係については、アリックスの喉の傷（リンパ節結核にかかって手術痕が残った）を新床《にいどこ》で見た王太子がショックを受けたのが原因といわれるが、結婚前から知っていたことだし、そうは思えない。もともと母親のヴィクトリア女王に反抗して喜ぶ「馬鹿息子」なので、母の決めた結婚相手をはなから気に入らなかったというのが真相ではないか。その子どももっぽさを優しく受け入れてやるほどアリックスに包容力はなく、妻に嫌がらせをくり返す夫に心底愛想を尽かしてしまった。

とはいえ、何であれ短所は長所に転じる。遊び好きだがどこか憎めないところのある王太子は、とにかく外面《そとづら》が良くて陽気で周りを明るくし、国民の人気も高かったし、王室外交ではかなりイギリスに貢献した（「平和王」の異名《いみょう》をたてまつられた）。その意味ではアリックスの傷痕も、さまざまな宝石やアクセサリーで首筋を隠すファッションを流行させる源となった。マリアもまた姉への心遣《こころづか》いから、同じように首を真珠や立《た》ち襟《えり》などで隠すことが多かった。

姉妹のもう一つの大きな違いは、地位アップの速度だ。どちらも夫がいずれ君主になるのはわかっていたが、マリアがロシア皇妃として戴冠《たいかん》したのは三十五歳。一方、アリックスがイギリス王妃を名乗ることができたのは、ようやく五十七歳。ヴィクトリア女王があまりに長生きしたため、息子は還暦までずっと王太子という生煮《なまに》え状態だったのだ。新王エドワード七世は戴冠式後のパーティで、煙草《たばこ》嫌いだった母親への当てつけのように、「諸君、煙草を吸いたまえ！」と言って笑いを誘った。この分では自分が先に死んだら何を言われることか——そうアリックスは思ったであろうが、幸い（？）彼女は夫より十五年も長生きした。ちなみにマリアの方は、夫より三十年以上も長生きしている。

マリアが早くに皇妃となったのも、夫を早くに亡くしたのも、全てはロシアの政治情勢ゆえだ。

あらゆる意味で庶民とも、また貴族とも、単なる富豪ともかけ離れた世界に、かけ離れた感覚のまま生きてきたロマノフ家の人々だったが、だからこそむしろ「ダモクレスの剣」（王位を羨《うらや》んだダモクレスに、王は玉座に座らせ、その上に髪の毛一本で剣を吊《つ》るした）の恐ろしさを誰よりもよく知っていた。栄華《えいが》の身に忍び寄る危険を忘れたことはなかった。剣はこれまでに何度も落下し、今また落下した。

皇妃から皇太后へ

マリアの義父アレクサンドル二世はロシアを近代化すべく、即位後まもなく農奴解放を宣言して「解放皇帝」と呼ばれた。ところがその解放令は、支配者側にとってはそうとうの妥協《だきょう》の産物でも、虐《しいた》げられ続けた側からは容認しがたいものだった。「人格的自由」を餌《えさ》のごとく投げ与えられる一方、土地は高値で買わねばならない。それでは貧窮《ひんきゅう》のままだ。解放への期待が大きかった反動から、皇帝への憎悪《ぞうお》が生まれる。

またこのころのロシアは産業革命へと驀進中《ばくしんちゅう》で、鉄道網の延びも飛躍的だったし、石炭産出量などは前代に比べて十倍にもなり、その勢いで版図《はんと》も拡大し、「地球上の六分の一はロシア」と言われるほど（ソ連時代より大きい）。こうした空前の好景気を背景に、いわゆるインテリゲンチャ（これはロシア語）も様変わりし、それまでの貴族インテリから雑階級（官吏《かんり》・商人・聖職者・ジャーナリストなどの子弟）のインテリが増大した。貴族インテリが頭でしか理解できなかった庶民の生活苦を、新インテリ層は肌で感じていたから、要求は具体的になる。法令はいいからジャガイモをよこせ、というわけだ。次いで、よこさないなら皇帝などいらない、と過激化してゆく。

一八六六年四月、マリアと皇太子の結婚式のつい七ヶ月前、ロシア史を揺るがす事件が起きていた。アレクサンドル二世が宮殿の庭を散歩中、過激派の一人に狙撃《そげき》されたのだ。五発の弾はいずれも外れ、犯人（元モスクワ大学生）はすぐ捕まって絞首刑になったが、問題はそんなことではない。唯一至高の存在たるツァーリ（ロシア皇帝）個人を民衆が襲《おそ》うなど、いや、襲おうと考えるなど、それまでの歴史には見られなかった。確かにダモクレスの剣は歴代皇帝を何度も殺してきたが、吊るしていた剣を切り落とすのは王族であり側近であり貴族であって、民衆ではなかった。民衆、就中《なかんずく》、農民が皇帝に抱いてきたイメージは、自分たちを直接苦しめる領主や大貴族を罰する存在、救い主であった（だからイワン雷帝は人気が高いのだ。彼が粛清《しゅくせい》したのは大貴族ばかりだった）。

そうしたイメージを、この五発の銃弾は粉々に砕いた。民衆が皇帝を殺し得るとの考えは、当時としては——民衆にとっても皇帝にとっても——驚愕《きょうがく》そのものであり、タブーが破られたことに震撼《しんかん》しない者はいなかった。過激派は皇帝暗殺こそが専制打倒の道とますます信じこみ、アレクサンドル二世は改革への意欲を一挙に失う。振り子は大きく逆戻りし、弾圧は強化され、「大改革」の試みはここに終わる。

けれど暗殺の試みは終わらなかった。いったんは地下にもぐった過激派だが、一八七〇年代末から爆弾による暗殺計画を何度も実行した。お召し列車のレールに仕掛けたり（一度は不発、もう一度は脱線しただけ）、冬宮の食堂を爆破して六十人以上の死傷者を出したり（到着の遅れで皇帝は無事）。そのくり返しにアレクサンドル二世は、「わたしは狩られる獲物か！」と憤《いきどお》った。

獲物は気づかぬうち死地へ追い込まれていたらしい。一八八一年三月、閲兵式《えつぺいしき》を終えて冬宮へ帰る途中の皇帝の馬車に爆弾が投じられた。アレクサンドル二世は冬宮へ運びこまれ、一時間後に絶命。連絡を受けて駆けつけたマリアは、その時の様子を日記にこう記している、「陛下の手足は押しつぶされ、脚が裂けていた」。

「心優しき王女」はすでに四人の子を持つ三十三歳になっており、これまでの暗殺未遂についても、もちろん知らぬではなかった。だがアレクサンドル二世が息子一家の安全を配慮しガッチナ宮殿の警備をさらに厳重にしたばかりか、民衆と触れ合う機会を極力減らしたので、子育て中の彼女は繭《まゆ》にくるまれたように——季節ごとにクリミアの夏の別荘や、ロンドン、パリといった国外で羽を伸ばしはしたが——安全に暮らしていた。ゲイティド・マンションに住む現代の富豪と似ている。ゲイト内があまりに豊かで穏《おだ》やかで居心地が良いため、すぐ外が魑魅魍魎《ちみもうりょう》の世界だと耳にはしても、どこか現実感が薄かった。

義父が殺されて、いま初めてマリアはロシアの底知れぬ怖《おそ》ろしさを知る。あんなに国民のことを思い、農奴を解放してやった皇帝に対し、何たる仕打ち、何たる恩知らず！それは身悶《みもだ》えながら死んだアレクサンドル二世を目の前にした王族たち、側近たちの、共通の思いだった。そしてまた誰もが、マリアの夫と息子である次の皇帝と皇太子の未来の上に、暗雲垂《た》れ込めるのを感じずにいられなかった。

明るくて情愛深い妻にして母であるマリアは、家庭の太陽だった。やがて超大国のトップに立つ皇太子の妃、また将来の皇帝の妃、さらにその次の代の皇帝の母后という立場より、家族という小さな単位の要《かなめ》でいることに満足していた。夫や子の健康に気を配り、住まいを安らぎの場にすべく母性愛で満たした。夫は妻以外の女性に目もくれず、息子たちは皆マザコンになった。国家より家族優先——ともすればそうなりがちの彼女に、未来の皇太子は知らず知らず影響を受けてゆく。

心構えが足りないと言うなら、そのとおりだ。小さな国の小さな王女は、巨大すぎる国の絶大な権力者の皇太子妃になり、部屋数一千以上の大宮殿に住んで、庶民の暮らしに疎《うと》いにもかかわらず庶民のお母さんと同じに心配性で、家族に気をまわし続けた。その良妻賢母ぶりと政治への無関心は、夫にはありがたかったに違いない。なにしろ彼は、アレクサンドル三世としての戴冠式を行うより、まず父殺しに対する猛烈な復讐《ふくしゅう》という仕事に邁進《まいしん》していたからだ。

皇位継承宣言が発表された。曰《いわ》く、「専制権力の力と真理を信ぜよ。人民の幸福のために、万難を排して専制権力を強化するのがわたしの使命である」。彼は「大改革」がテロを助長させたと信じており、断固たる態度で保守へ回帰した。早々と暗殺グループを摘発《てきはつ》し、首謀者《しゅぼうしゃ》五人を公開処刑、仲間も協力者も、単に関係したと疑われた者たちまでも芋蔓式《いもづるしき》に検挙し、次々に死刑やシベリア送りにした。

新皇帝はなおまだ容赦《ようしゃ》しなかった。大学が過激派グループの温床《おんしょう》になったとして自治権を取り上げ、下層階級の子弟の中等教育を禁じ、女子教育の門戸も狭《せば》めた。トルストイ作品の大部分を出版差し止めし、レーピンの名画『イワン雷帝とその息子』の展示も禁止した。また暗殺者の中にユダヤ人がいたことから、キエフなど南部で大々的なポグロム（ユダヤ人に対する集団迫害行為）が起こっても放置した。反ユダヤ政策を取ったからだ。ちなみにこの時のポグロムを背景にしたのが、ミュージカル『屋根の上のバイオリン弾き』である。

鞭《むち》ばかりではまずいと、飴《あめ》も与えている。農奴解放令を無効にされるのではないかと恐れていた民衆を、解放の推進によって驚かせ喜ばせた。農民の負担になっていた土地買い取り金を大幅に下げ、且《か》つそのための貸付金を増やした。この措置は、一方で多くの地主貴族を痛打し、彼らの没落を誘発した。チェーホフの戯曲『桜の園』の舞台がまさしくそれ。

なんと、亡父にまで飴と鞭だ。前者は、爆破の現場となった場所に、豪華絢爛《けんらん》たる教会（「血の上の教会」）建設を決定し、鎮魂《ちんこん》したこと。後者は父の再婚相手とその子らに対する処置。母が生きていたころから愛人関係を結んでいた貴賤結婚の相手を、以前か

アレクサンドル三世夫妻と一族

クレムリンでの戴冠式

ら許しがたく思っていたので、宮廷から追放するだけではすまず、ロシアからも追い出した。

それやこれやで、戴冠式は父の暗殺から二年後、一八八三年だった。畳みかけるような弾圧の連続によって、すでに国内の治安は前帝時代が嘘《うそ》のように回復されてはいたものの、万が一を慮《おもんぱか》った厳戒態勢が敷かれる中、モスクワのクレムリンで催された。この壮麗なセレモニーには、各国の王族や政治家を含めた三千人が招待されている。帝国国歌『神よ、ツァーリを護《まも》りたまえ』の合唱が響きわたり、式次第が粛々《しゅくしゅく》と進むうち、新ロシア皇帝アレクサンドル三世に新皇妃マリアがごく自然にキスをして、並みいる列席者を微笑《ほほえ》ませた。美女と野獣《やじゅう》とは言わないまでも、強面《こわもて》の巨漢と小柄で愛らしい妻の取り合わせは、ふたりが心から愛し合って仲睦《なかむつ》まじく暮らしていることが周知の事実だけに、人々へ幸福感のおすそ分けとなった。政略結婚の常で仮面夫婦の多い招待客たちの中には、羨ましいと感じた者も少なくないだろう。もちろん姉アリックスとエドワード王太子夫妻も出席していた。

マリアは国民にも、また宮廷人や臣下《しんか》にも人気があった。いつまでも若々しく、ほがらかで親しみやすく、どんな時も誰に対しても偉《えら》ぶることなく、何より、人事《じんじ》に口を出さなかったのだ。

戴冠式のマリア
（1883年／イヴァン・クラムスコイ画／ロシア国立美術館蔵）

皇帝となっても一家は冬宮には移らず（父帝暗殺未遂がここで起こったため、警備に信用が置けなかった）、引き続きガッチナ宮殿で暮らした。数々の反動政策がここから発せられ、武器庫まで完備したガッチナの異名は、「専制君主の城砦《じょうさい》」。サンクトペテルブルクからは四十五キロの距離だが、すでに鉄道が敷かれていたし、宮殿内は電灯や上下水道など近代設備が整えられていた。新皇帝は暗殺を恐れ、宮殿に引きこもっているとの噂《うわさ》は、真実の半分でしかない。住み心地の良いガッチナは、一家にとってのオアシスだった（もちろん外出の際には道という道に軍隊と警察を隙間《すきま》なく配置した）。

アレクサンドル三世は国民に強く箍《たが》を締めるのに疲れると、愛妻に優しく慰撫《いぶ》され子どもたちに囲まれて元気をとりもどした。それ以外のストレス発散法は、歴史学会へ行くことと宮廷音楽会でチェロを弾くこと、そして飲酒だった。ロシアの男の典型で、ウオッカを底無しに呷《あお》るため、妻は夫が健康を損ねるのではないかと気を揉《も》んだ。医者も禁酒をうるさく言うので、アレクサンドルは筒に酒を入れて長靴の中に隠してまで飲んだ。身体が受け付けなくなるまで浴びるように飲んだ。

酒以外は、とりたてて心配はなかった。ロシアは表面的には落ち着きを取りもどし（インテリにとっては暗い時代である）、以前のような皇帝暗殺の試みは途絶えている。子どもたちも順調に育っていた。長男ニコライ皇太子には厳しい帝王教育をほどこしている（アレクサンドル三世は次男だったので、ほとんど帝王教育を受けていないのがコ

アレクサンドル三世

マリアと皇太子ニコライ（1889年頃）

ンプレックスだった)。次男は早世したが、三男ゲオルギーはニコライと違って背が高くハンサムで、母親似のユーモアにあふれてやんちゃだ。四男ミハイルは、大公が皆そうであるように軍人になるべく教育されていた。長女クセニアと末子で次女のオリガはどちらも母ほど美人ではないが、いずれ大国の王妃にと考えている。

他国のいったいどこに、これほど仲の良い王一家があるだろうか? 実にこのロマノフ王家は、お伽噺の王さま王妃さま王子さま王女さまのように、人も羨む暮らしぶりだったのだ——十三年間。

アレクサンドル三世の治世はたった十三年。死因は暗殺でも政争でもない。マリアの心配が的中し、体力自慢の夫は飲み過ぎで腎臓《じんぞう》をやられ、まだ四十九歳というのに、病《やまい》の床について驚くほどあっけなくみまかった。父帝の暗殺事件の始末をやりとげ、ロシアという化け物のような大国を力で抑え続けるのは、酒で紛《まぎ》らわせねばならぬほどストレス過多だったのかもしれない。家庭がどんなに温かくとも、そのストレスを取り除くことはできなかった。

マリアは四十六歳。二十八年間の結婚生活は幸せであった。黒い喪服を着ても歳よりずっと若く見える彼女は、葬儀の場で「冷静に、勇敢《ゆうかん》に耐えていた」(『最後のロシア皇帝 ニコライ二世の日記』、以下Ⓑ)。

お伽噺の終わり

ラスト・エンペラーとなるニコライ二世は、皇太子時代の一八九〇年から一年近く、いわば「グランド・ツアー」（貴族子弟の教養教育総仕上げ）に似た旅行を体験した。マリアの秘蔵っ子なので身軽なツアーではなく、アゾフ号という軍艦に乗っての賑々《にぎにぎ》しい周遊だ。まずギリシャから始めて南方各国をまわり、最後は日本。九州から順次北上して東京訪問の予定だった。

十四歳から死ぬ数日前まで日記（何と五十一冊、一万ページ！）をつけ続けたニコライは、この旅でももちろん律儀《りちぎ》に書《か》き綴《つづ》っている。二十二歳だというのに、坊ちゃん気質がそちこちに見え隠れする。復活祭の前日には、「今日はまったく上陸したくなかったので、（中略）下の船室で卵を赤く染めた。軍艦の中でこういうことをするのは不思議な気がする。パパとママがいないのが、ひどく寂しかった」（Ⓑ）。パパ、アレクサンドル三世が、毎年マリアにイースター・エッグをプレゼントするのを思い出しながら絵付けしていたのであろう、やがて自分も皇帝になるとパパを真似《まね》るようになる。

この時の訪日で、例の「大津事件」（七二ページ参照）が起こり、日露関係の悪化が懸念《けねん》された。だがニコライが真っ先に案じたのは、そのことより両親のことだった。曰く、「何よりも私は、愛するパパとママを心配させないように、この事件についてどういう電文を書いたらいいか、思い悩んだ」(Ⓑ)。

心配性の母を持つ長男らしい反応だ。案の定、ガッチナ宮殿では、マリアが事件の知らせを聞いてショックのあまり失神していた。軽傷だとわかっても、彼女は皇太子がこれ以上日本に滞在するのを許さなかったから、以後の予定は全てキャンセルされ、ニコライは東京訪問もやめて帰路についた。

完璧《かんぺき》な円を描いていたマリアの世界が、このころから少しずつ歪《ゆが》みだす。アゾフ号での旅行には、ニコライの三歳下の弟ゲオルギーも同行させていたが(結核の兆候が出たため、暖かい土地を巡れば身体にいいだろうとの考えによる)、途次のインドで症状が悪化し、先にひとりだけ帰国して療養生活に入った(この九年後、二十八歳で死去)。

そして大津事件の三年後が、夫の死だ。引き続き、ニコライの即位、結婚。この結婚相手が、マリアには全く気に入らなかった。彼女の名がアレクサンドラで愛称アリックスだから、仲の良い姉アリックスと同じで嫌だったなどと言われるが、たとえそうだとしてもそれは些細《ささい》なことにすぎない(もともとヨーロッパの王室はどこもかしこも同名だらけなのだから)。

反対した一番の理由は「病気」である。アレクサンドラは、ドイツのヘッセン大公とイギリスのヴィクトリア女王の次女との間に生まれた。両親が早くに亡くなり、六歳から祖母ヴィクトリア女王に引き取られたので、イギリス人として育つ。ここまではいい。問題はこのヴィクトリア女王が血友病《けつゆうびょう》という、男子にのみ発症する遺伝子疾患《しっかん》の保因者だったこと。血液凝固因子《ぎょうこ》欠損により、少しぶつけただけで出血が止まらなくなったり、気づかぬうちに内臓から出血して苦しむ難病で、当時は有効な治療法がなかった。そのため女王の四男は生涯病弱であったし、長女の産んだ息子二人はこれが原因で早世、次女の産んだ息子（アレクサンドラの兄）も血友病で命を落としている。

もし嫁にこの遺伝子が伝わっていたら、自分の孫であり将来の皇太子が血友病を発症しかねない――マリアはそれを案じたのだ。さらにイギリス宮廷にいてアレクサンドラをよく知っていた姉のアリックスも、結婚反対を伝えてきた。アレクサンドラは内向的でいささかヒステリックな面があり、とうてい大国の皇妃にはふさわしくない、と。

そんな次第でマリアはニコライに彼女を諦《あきら》めるよう何度も諭《さと》したが、意外や、マザコン息子はこの点に関してだけは強硬に自分の意志を貫《つらぬ》いた。少年時代から馴染《なじ》みで、美しく成長したアレクサンドラを絶対諦めなかった。どこかしら運命の手が感じられるのは、フランツ・ヨーゼフ皇帝とエリザベート妃の場合と共通する。たった一度きりの母への反抗。これはいろいろな意味で高くつく。

とうぜん宮廷における嫁姑戦争にも発展した。アレクサンドラは最初から不利だった。なぜなら人気のあるマリアの取り巻きは幾重《いくえ》にも厚く、皇妃派は最初から最後まで皇太《こうたい》后《ごう》派に圧倒された。ニコライ二世は母の顔をたてて結婚式をマリアの誕生日に行い、日記には十年一日《いちじつ》のごとく、今日は「愛するママの誕生日で、私たちの結婚十三周年記念日だ」（Ⓑ）と記している。一方で愛妻を守るために住まいはガッチナ宮殿ではなく、サンクトペテルブルクから二十五キロほど南のツァールスコエ・セロー（「皇帝の村」の意）に定め、生まれ育った環境と同じ、愛あふれる家族作りを目指す。アレクサンドラはロマノフ家では初めて母乳で子育てし、皇太后派の顰蹙《ひんしゅく》を買った。

結婚して七年目までに、アレクサンドラは立て続けに四人の皇女を産んだ。四人目のアナスターシャの時はさすがのニコライも落胆し、すぐには産室へ行く気になれず、長い散歩が必要だったらしい。マリアも、嫁がまた女の子を産んだ、と失望の言葉を漏《も》らした。しかしその三年後、ついに皇太子が生まれ、宮廷中が安堵《あんど》の息を吐《つ》く。すでに二十世紀の幕が開いており、アレクセイ皇太子はロマノフ王朝を盤石《ばんじやく》にするかと思われた。ところが——皇女たちは四人ともあんなに健康なのに——アレクセイは血友病を抱えて誕生したのだった。マリアの不安が現実になる。

自分のせいだと、アレクサンドラは追いつめられていった。もともと華やかな宮廷が苦手で逃げ腰だったところへ、遺伝病の皇太子を産んだ負い目《おめ》が重なり、外国の使節団の接待や新年会のような宮廷の節目行事を取り仕切るのは、ほとんど皇太后の役になる。アレクサンドラの最大の仕事は、二十歳まで生きられないと医師団から告げられた息子の命を、何が何でも保《も》たせることだった。

こうして妻の神経が細るに従い、ニコライもまた家庭にかかりきりになる。皇帝の目がロシアより妻子に向いているのを見て取った宮廷は、急速に緩《ゆる》みを見せ始めた。アレクサンドル三世なら決して許さなかった貴賤結婚や、貴族の勝手な振る舞いが増えても、インテリ肌で意志の弱いニコライでは睨《にら》みがきかない。マリアでさえメリーウィドー（浮かれた未亡人）暮らしを謳歌《おうか》していた。頻繁《ひんぱん》な外国旅行、豪華なパーティ、贅沢《ぜいたく》なオートクチュールや高価な宝石類の購入……それどころか、若いグルジア貴族を愛人にしているとの噂まで流れた。真偽のほどは不明だが、民衆に支持されていたマリアにまでこんな噂がたつのは、ロマノフが黄昏《たそがれ》に向かっている証《あかし》であろう。

ラスプーチンという、わけのわからぬ怪僧の登場もまたロマノフ終焉《しゅうえん》を妖《あや》しく彩《いろど》っている。未来を予見し、病気を治す特殊な能力をもつとの触れ込みで、文字も読めない農民出身の粗野な男が、女官を通じて皇妃に取り入り、瀕死《ひんし》の皇太子の命を祈禱《きとう》で救ったのをきっかけに皇帝の信頼も得る、そのあげく政治にまで口を出して高官の首をすげかえるなど、まるで小説のような展開ではないか。これでは帝政の権威に関わると、首相はラスプーチン追放をニコライに進言したが応じてもらえない。こうなったらママの力を利用するしかない。皇太后に一肌脱いでもらおう。

この時のニコライの日記は、「ママがお茶の時間にやって来て、グリゴリー（＝ラスプーチン）について話をした」（Ⓑ）というだけだが、マリアの説得は功を奏した。ラスプーチンは「自発的」に故郷のシベリアへ帰り、周囲はほっとしたが、アレクサンドラのヒステリーは昂《こう》じた。彼女はもはやラスプーチンなしでは、精神の均衡《きんこう》を保てないところへきていた。まもなくアレクセイ皇太子がまた危篤《きとく》に陥り、宮廷医師団が匙《さじ》を投げたので、皇妃は独断でラスプーチンを呼び戻し、彼の祈禱がアレクセイの危機を救う。こうなってはもう皇帝一家にラスプーチンはなくてはならない存在だ。マリアは息子一家から距離を置いた。

マリアの良妻賢母という美質は、アレクサンドル三世のようなブルドーザー型の皇帝の妻としては理想的だった。だが皇帝の座につく息子を育てる際には、どうだったのだろう。彼女の罪ではないにせよ。

なぜ共産主義革命への布石《ふせき》がいくつも打たれているのに、王侯は気づかないのかと不思議に思うのは、歴史を知っている現代の視点でしかない。ニコライにしても、世の中が再び祖父の時代へと逆戻りし、臣下に対する暗殺事件が頻発しているのを由々《ゆゆ》しき事態だとは認識していた。だが逆にいえば、ロマノフはこうした危機をこれまでに何度も乗り切ってきている。だから今回も乗り切れると考えたのだ。ニコライの日記は、レーニンにもトロツキーにも一行も触れていない。下々の者が政権を握ろうとしているなどとは、想像の外《ほか》であった。

ラスプーチン

ニコライ二世の家族

マリアも同じだ。彼女が姉アリックスとロンドンでおしゃべりし、娘とパリで買い物し、キエフやクリミアの離宮を散策している間に、日露戦争に負け、血の日曜日事件（女、子どもを含む静かなデモに軍が発砲）が起き、戦艦ポチョムキンの乗組員が反乱し、首相や大公やラスプーチンの暗殺が続いた。各地で農民暴動が起こり、「組合連合」が発足し、大学の自治が再び奪還され、トロツキーが労働者ソヴィエト議長となり、第一次世界大戦が勃発し、その戦時のさなかにレーニンが帰国してボルシェヴィキが多数派となり、ニコライは退位を強《し》いられてロマノフ王朝は三百年の幕を閉じたのだった。

ニコライが屈辱の退位を受け入れたのは、一九一七年三月十五日。その二日後にマリアと会っている。大本営から、ツァールスコエ・セローへ帰る途中の駅モギリョフにいるところへ、マリアはわざわざお召し列車でやって来たのだ。日記には、「キエフから到着した愛するママを駅で出迎え、いっしょに帰館、昼食を共にし、長時間話をした」Ⓑとしか書かれていない。マリアはおそらく息子を救おうとしたのだろう。ツァールスコエ・セローへは帰らないようにと言ったのではないか。しかしまさか妻子を置いては逃げられない。もしこの時、ニコライが母と行動を共にしていたら、命は助かったかもしれないが、最低の皇帝として歴史に名を残したであろう。だからこれでよかったのだ。そしてこれが母子の永遠の別れだった。

ツァールスコエ・セローへもどったニコライは、妻と五人の子どもとも幽閉《ゆうへい》され、その後シベリアへ送られ、最後はエカテリンブルクへ移されて皆殺しにされた。退位しておよそ一年半後のことだ。裁判もなく、子どもたちまで殺されるとは、銃を向けられるまで考えていなかっただろう。弟のミハイルやおおぜいの王族が殺されたのも知らなかった。そして最後の最後までマザコンだった。「四十九歳になった。五十も間近だ。とくに愛するママのことが気になる。ママと文通できないのはつらい。（中略）ママについての消息はわからない」（Ⓑ）。

マリアは逃げのびていた。仲良しの姉アリックスの援助だ。娘一家とともにクリミアのヤルタに幽閉されているのを知ったアリックスが、息子ジョージ五世に頼んで戦艦マールバラを差し向けたのだ。革命軍の統制はまだこのあたりまで完全には及んでいなかったため、マリアは軍艦でロシアを離れることができた。

姉とロンドンで涙の再会をした後、マリアは八十歳で没するまで、生まれ故郷デンマークで余生を送った。持ち出した宝石のおかげで豊かに暮らすことができた。息子一家惨殺《ざんさつ》の噂に対しては、最後まで聞く耳をもたなかったし、「実は生き残っていた」と称するアナスターシャを名乗る女性には決して会おうとしなかった。

――小さな国の王女さまは、大きな国の王妃さまとなり、たくさん子どもを産んで幸せに暮らしましたが、月日の流れとともに、お城の外から恐ろしい黒い影が忍び込んできました。美しい衣装を着て美味《おい》しいものを食べられるのは、汚れた襤褸《ぼろ》をまとい、食うや食わずの生活を強いられるおおぜいの人の過酷な労働あってのことだと、黒い影は喚《わめ》くのです。自分は特別な存在だと信じている王妃さまには、その意味が全くわかりません。わからないままその黒い影に押し出されて、再び小さな国へ帰るしかありませんでした。王妃さまは今ではすっかりおばあさんです。でも黒い影に呑《の》み込まれた息子たちと、いつかまたきっと会えると、死ぬまで信じていました。

第三章　カルロス四世

Carlos Ⅳ（1748-1819）
カルロス三世とマリア・アマリア・デ・サホニアの次男。
妻はパルマ公フィリッポ（フェリペ）とフランス王ルイ十五世の
娘マリー・ルイーズ・エリザベートの次女であるマリア・ルイサ。

カルロス四世

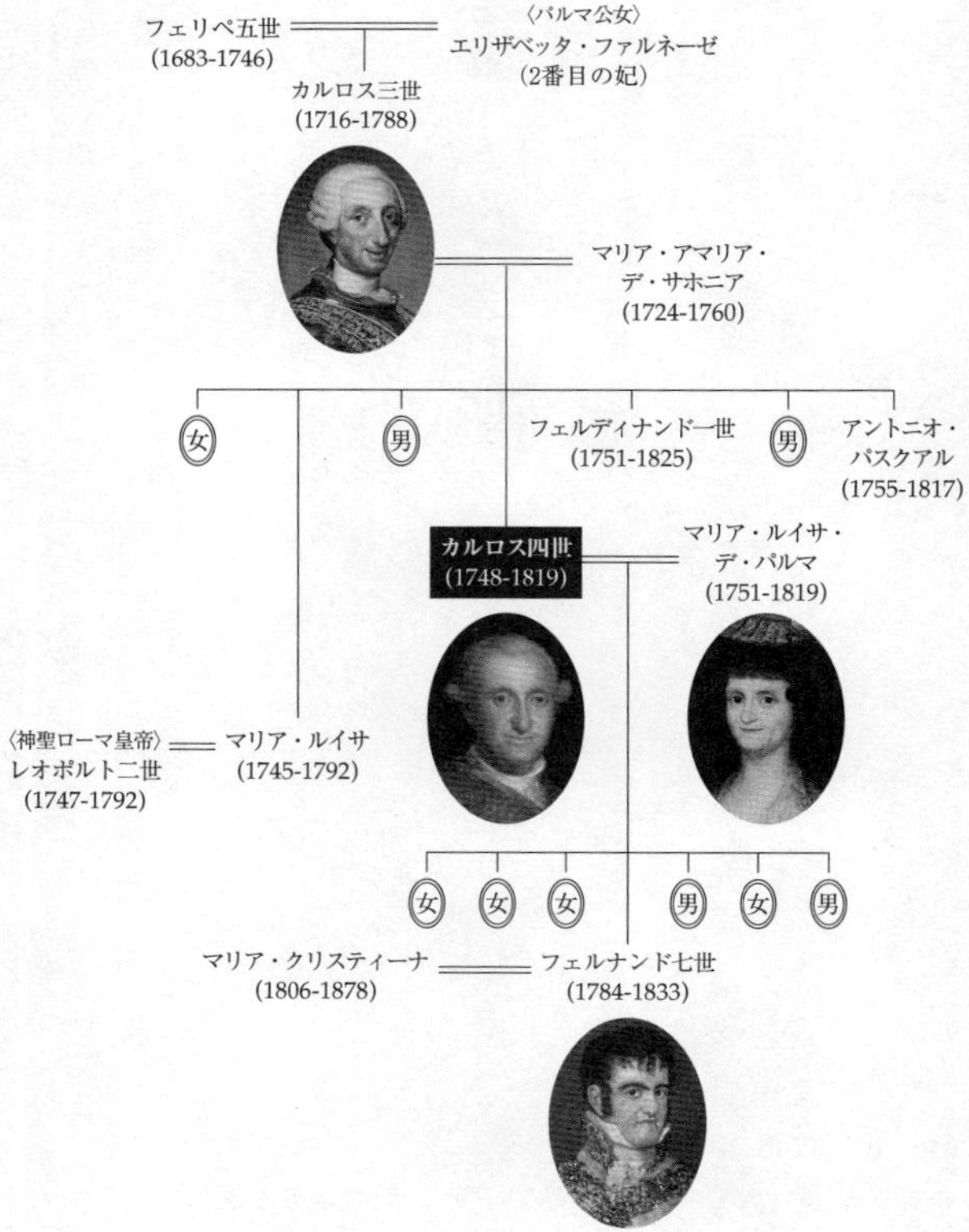

フェリペ五世
(1683-1746)
〈パルマ公女〉
エリザベッタ・ファルネーゼ
(2番目の妃)
カルロス三世
(1716-1788)
マリア・アマリア・
デ・サホニア
(1724-1760)
女
男
フェルディナンド一世
(1751-1825)
男
アントニオ・
パスクアル
(1755-1817)
カルロス四世
(1748-1819)
マリア・ルイサ・
デ・パルマ
(1751-1819)
〈神聖ローマ皇帝〉
レオポルト二世
(1747-1792)
マリア・ルイサ
(1745-1792)
女
女
女
男
女
男
マリア・クリスティーナ
(1806-1878)
フェルナンド七世
(1784-1833)

ブルボン家の王

一七〇〇年十一月、スペイン・ハプスブルク家最後の王カルロス二世が世を去った。異様なまでの血族結婚くり返しの果て、生まれた時から死に瀕《ひん》していたと言われる虚弱な王だったが、周囲の予想に反し、在位三十五年、三十九歳間近まで生き延びた。ただしもう一つの予想は当たり、最後の最後まで加持祈禱《かじきとう》が続けられたにもかかわらず、妃《きさき》に後継者を産ませることはできなかった。

列強は、早く死ね、とばかり何年も前からじりじりして待っていた。スペインは衰えたりといえども領土はいまだ広大で、南部ネーデルラント（現ベルギー）、ミラノ公国、ナポリ王国、シチリア王国、ブラジルをのぞく南米、メキシコ、フロリダ、西インド諸島、フィリピン諸島、アフリカの一部を所有していた。カルロス二世が死去したらすぐ自国から新王を送り出し、丸ごと我が物にしてヨーロッパ政治地図を有利に塗り替えたい、それが列強の思惑《おもわく》である。

本家のオーストリア・ハプスブルク家は、当然ながら分家のお家断絶後を埋めるのは自分たちという権利意識を持っていた。遡《さかのぼ》ること約百五十年、ハプスブルク出身の神聖ローマ帝国皇帝カール五世が隠棲《いんせい》するにあたり、スペイン本国とその占領地を息子のフェリペ二世に、オーストリアを自分の弟フェルディナンド一世に分け与えたのが、ハプスブルク家の二つになったいきさつである。以来、両家は互いに花嫁を供給しあってきた。現オーストリアのレオポルト一世も、カルロス二世の姉マルガリータ・テレサを妃にした（濃厚な伯父・姪婚）。

これに対し、フランス・ブルボン家も一歩も引かない。同じカトリック大国として、こちらも婚姻関係を深めてきている。そもそも太陽王ルイ十四世の母はフェリペ三世（フェリペ二世の息子）の娘アンヌ・ドートリッシュだし、妃はカルロス二世の腹違いの姉マリア・テレサ。彼女と十四世との結婚の際、五十万エスクード金貨を持参金とする代わりにフランスのスペイン王位継承権放棄《ほうき》を条件としながら、持参金は未払いに終わった。従って王位継承権は有効、というのが太陽王の言い分だ。

ただしレオポルト一世妃もルイ十四世妃もすでに亡くなっている。バイエルン選帝侯マクシミリアン二世エマヌエルが新たに参入した理由はそこだ。彼はレオポルト一世とマルガリータ・テレサの間に生まれた娘マリア・アントニアを妃にしている。彼女はまだ存命なのだ。十分、スペインをもらう権利はあるというわけだ。

この三《み》つ巴《どもえ》に、イギリスやオランダが神経を尖《とが》らせないわけがない。かつてのカール五世によるハプスブルク帝国のように、突出した超大国ができては大迷惑と、水面下で阻止工作を始めていた。では当事者のスペイン宮廷はどうか？　彼らにスペイン人の王を戴《いただ》く発想はなかった。今さら大貴族同士で玉座の争奪戦になれば、それこそ完全な列強の餌食《えじき》だ。そのくらいならこれまでどおり他国の王を迎え、適当に威張《いば》らせておき、政治の実権は自分たちで握ったほうがましである。やがてスペイン人たちは親ハプスブルク派と親ブルボン派に分かれ、無力なカルロス二世に圧力をかけ続けた。死の一ヶ月前、たまたま親ブルボン派大臣の力が強かったため、王は遺言書に署名し、新王はフランス人と決まる。

ルイ十四世は喜色満面、王太子の次男、即《すなわ》ち自分の血を引く孫アンジュー公フィリップを、フェリペ五世として送り出す。この時十六歳の青年王は偉大なる祖父から、「良きスペイン人であれ。しかしフランス人たることを忘れるな」と忠告されはしたものの、なにせ華やかなヴェルサイユ育ち、黒ずくめの陰鬱《いんうつ》なスペインなど気に入るはずもない。もちろんスペイン語も解さない。そこで真っ先にやったことは、宮廷におけるスペイン語の使用禁止。次いで芸術家たちもフランス人に入れ替え、宮廷をフランス化、口を開けばスペインに対する罵詈《ばり》雑言《ぞうごん》という有り様で、とうてい「良きスペイン人」にはなれそうもなかった。

こんな新王なので、およそ一年後にはスペインで親ハプスブルク派が勢いを盛り返し、レオポルト一世もいよいよこの王から冠《かんむり》を奪うべく行動を起こす。十三年にわたる

「スペイン継承戦争」の勃発《ぼっぱつ》だ。フランス、オーストリア、イギリス、オランダ、バイエルンなどが混戦し、戦場はスペインばかりか南ドイツ、イタリア、オランダ、さらには大西洋上や北海での海戦にまで広がる、近代初の国際戦争となった。勝敗はなかなかつかず、レオポルト一世は死去して二代後のカール六世に代わり、ルイ太陽王は七十過ぎてまだ頑張っていたが長引く戦争で国内人気は地に落ちた。

一七一三年、ついにユトレヒト講和条約が結ばれる。数多くの海外領土を手に入れたイギリスが、実質的な勝者と呼べるであろう（イギリス植民地帝国の基礎が築かれた）。ハプスブルク家は分家を失い、ブルボン系の王が承認されたが、領地は狭《せば》まった上、フランスとスペインが合同してはならないとの条件が厳しく付けられた。

ともあれ、これでようやく太陽王の孫は、スペイン・ブルボンの開祖と認められたのだ。

フェリペ五世は生涯、フランス恋しだったと言われる。長い戦争が終わっても、なじめぬスペイン宮廷での苦労で——嫁《とつ》ぎ先《さき》の姑《しゅうとめ》や小姑《こじゅうと》にいびられて神経をまいらせる嫁のように——すっかり疲弊《ひへい》してしまう。政治や戦争への関心も失《う》せ、最初の妃との間にできた王太子ルイス一世が十六歳になると、この子に王冠を委譲して退位する。フランスへ帰国するつもりではないかとまで言われた。ところがルイス王はその年のうちに

芝居の衣装をつけた皇帝レオポルト一世
（トーマス画／ウィーン美術史美術館蔵）

カルロス二世
（デ・ミランダ画／プラド美術館蔵）

カルロス三世
（メングス画／プラド美術館蔵）

天然痘《てんねんとう》であっけなく死去、父はいやいや玉座に戻らねばならなかった。

このあたりから、フェリペ五世の鬱《うつ》状態は誰の眼にも顕著《けんちょ》になってゆく。不眠、脱力、仕事放棄……宮廷医も二番目の妃も助けにならない中、抑鬱症状を緩和《かんわ》させたのはカストラート（去勢した歌手）のファリネッリだった。当時ヨーロッパ中で圧倒的人気を誇り、「神はただひとり、ファリネッリもただひとり」と讃《たた》えられていたこのイタリア人歌手のエンジェル・ボイスを聴く時だけ、王の心は慰《なぐさ》められるのだった。

音楽は全て生《なま》演奏で聴く他ない時代だ。フェリペ五世はファリネッリをオペラ界から引退させ、高給で宮廷へ囲い込む。大半が下層階級出身だったカストラートの中で、ファリネッリは貧しいとはいえ小貴族の出だったから宮廷にも溶け込み、歌で王に仕《つか》えるだけでなく、作曲やオペラの演出、また後進の指導も行い、二十年にわたってスペイン音楽界を牽引《けんいん》した。王の鬱による、思わぬ副産物といえよう。

一七四六年、ある意味、可哀《かわい》そうだったフェリペ五世が逝去《せいきょ》、次男フェルナンド六世が戴冠《たいかん》するが、彼は父に輪をかけて可哀そうだった。気質を受け継いだのか、同じ鬱に苦しみ、晩年は精神疾患で廃人とされて城に幽閉《ゆうへい》され、在位十三年で世を去る。子はいなかった。

またも継承戦争？　いや、大丈夫。父王の二度目の妃が賢明な息子を産んでいた。後にスペイン初の啓蒙君主《けいもうくんしゅ》と呼ばれるカルロス三世だ。フェルナンド六世の異母弟にあたる彼は、それまでナポリ王とシチリア王を兼ねており、前者としてはカルロ七世、後者としてはカルロ五世だった。スペイン王として戴冠後はカルロス三世となる（相も変わらぬ命名のややこしさで、つまりカルロ七世とカルロ五世とカルロス三世は同一人物ということ）。ちなみにナポリ・シチリア王は八歳の三男フェルナンドに譲《ゆず》られたので、この子はナポリ王フェルナンド四世にして、シチリア王フェルナンド三世となった。

さて、ブルボン家三代の王たちがこんな調子では、これまでの半世紀以上の政治はどうなっていたかといえば、もっぱらスペイン人の重臣たちが行っていた。つまり戦争で痛めつけられて産業は育成されず、極端な貧富の差は放置されたまま、時代遅れの異端《いたん》審問所《しんもんじょ》の力はまだ強く、宮廷文化はロココの花盛りでも、市民はそれに反発してスペイン的なるものに固執《こしつ》していた（マホ、マハ〈伊達男、伊達女〉のファッションは、日本にたとえるなら文明開化で多くが洋装へ走る中、あくまで丁髷《ちょんまげ》と着物を手放さない一群に似ている）。

一七五九年、四十三歳で王位に就いたカルロス三世は、ブルボン家の特徴である垂れた長い鼻を持ち、人柄の誠実さと、公平で人物本位の大臣登用で国民の支持を得た。当時カルロス三世首席宮廷画家だったアントン・メングスによる肖像画が、その雰囲気をよく伝えている。

王は、スペイン継承戦争で奪われた両シチリアを奪還《だっかん》するという軍事的成功を若いころに収めており、スペインの復興目指してたゆまず努力した。荒廃していたマドリードを整備して近代都市の外観を造りだしたのも、現在に残る歴史的建造物のほとんどを建てたのも彼だ。「王は石の病《やまい》にかかっている」と揶揄《やゆ》されるほど、建設事業にのめり込んだ。現プラド（「牧場」の意）美術館もカルロス三世が博物館にするつもりで建てた（彼の関心は美術より博物学にあったからだ）。その流れで、ナポリのポンペイ遺跡も大々的に発掘させたが、途中でローマ教皇から「調査ではなく盗掘」と非難され、中止させられてしまう（この非難に関しては当たらずといえども遠からず）。

敬虔《けいけん》なカトリック教徒だったカルロス三世だが、改革のためには教会にも容赦《ようしゃ》しなかった。イエズス会を追放し、没収した財産で新たな教育機関を設立、古臭い宗教色を廃したフランス百科全書派的な大学作りを目指した。とはいっても何もかも思いどおりとはゆかない。特に宮廷改革はスペイン人の宮廷人に抵抗され、命令書は実行の段になるといつの間にかどこかで雲散霧消《うんさんむしょう》することがよくあった。老いて後の王の気晴らしは、ごく少数の供《とも》の者を従えた散歩がてらの狩りで、ゴヤがその情景を肖像画に取り入れている。出会った誰かれに気さくに声をかけたと言われる王の人柄が滲《にじ》み出ている――そう評される肖像画だが、むしろゴヤらしくもない実在感の無さに奇妙さを覚える。ゴヤは王にたった一度しか目どおりしたことがなく（手にキスする栄誉を得た由《よし》）、王はモデルとして一度もゴヤの前でポーズしたことはなかった。他の画家が描いた肖像をもとに顔を描いたので、そんな印象を与えるのかもしれない。

晩年のカルロス三世は病気がちになり、せっかく安定させたスペインが不出来な息子の代で揺らぐのではないかとの暗い予感に捉《とら》われた。自分の名を与えた後継者カルロスの言動を見るにつけ、「カルロス、なんておまえは馬鹿なんだ！」と、溜《た》め息《いき》とともに口に出さずにおられない。そこで遺言は、総理大臣フロリダブランカ伯爵に政治をまかせよ、というものだった。平民から引き上げた有能なこの伯爵が国の舵取《かじと》りをしている限り、なんとかスペインも保《も》つだろう。

カルロスという王名は、スペイン・ハプスブルクを開いた神聖ローマ皇帝カール五世（スペイン王名カルロス一世）と、それを断絶させた五代目カルロス二世、そしてスペイン・ブルボン最良のカルロス三世と、その息子カルロス四世だ。なぜか出来の良い王、悪い王、良い王、悪い王と、順ぐりになっている。

カルロス三世は四世を褒《ほ》めて育てるべきだったのか、それとも褒めたところで無益だったろうか……。

お人よし

肖像画家には固有の苦労があった。注文主兼支払者の顔を描くわけだから、気に入ってもらえなければせっかく完成しても購入取り消しになる。特に王侯貴族を相手にする場合、報酬《ほうしゅう》の大きさばかりでなく名誉にも関わるし、うまくゆけば宮廷画家に召し抱えられたり、すでに宮廷画家であれば首席宮廷画家に昇進できるかもしれない。力の入れようが違う。美化は必然だ。

必然だが、美化しすぎて誰だかわからないようでもまずい。ヌード画で肌の染みや皺《しわ》をいっさい描かないように、肖像においては実物の疵《きず》は省略し、良い点を盛大に強調して、鏡に映る姿とも他人から見える姿とも微妙に異なる、とはいえ、もしかすると明日になれば「あらまほしき」理想像に変わる可能性もなきにしもあらず、という程度には似ている姿をキャンバスに留《とど》めるのだ。力量が試される。

さて、アントン・メングス描く、この対《つい》になった男女の肖像画は、どこまで本人に肉迫しているのだろう？　カメラの時代なら写真と絵を見比べられるのに残念だ。絵の二人は後のゴヤ作とも、また亡命時代のマドラーソ作ともずいぶん違っている。いや、別人だ。溌剌《はつらつ》たる若さは未来を語らないのかもしれない。それともメングスは彼らの内面など恐ろしくて描けず、衣装の美しさや小道具の迫真性にのみ専念したのか……。

十七歳のカルロス王太子（後のカルロス四世）と、十四歳の妃マリア・ルイサの、結婚記念ペア肖像である。狩猟姿の王太子はブルボン家の長い鼻に、何も考えていなさそうな白紙状態の無表情を作り、育ちの良いお公家風《くげふう》。母譲りの頑健《がんけん》さはほとんど窺《うかが》えないが、実は筋肉自慢で、近所の農民たちとよくレスリングに興じていた。若い妃のほうはフランスで流行の灰色鬘《かつら》をかぶり、負けん気の強そうな顔つき。夫より遥《はる》かに生命力あふれて見える。二重顎《にじゅうあご》は肥満の兆候ではなく、当時はそれがある種の美と捉えられていたらしい（マリー・アントワネットもそうした描き方をされている）。

スペインはやがてこの二人を頭に戴くことになる。父王から「なんておまえは馬鹿なんだ」と嘆《なげ》かれ続けた王と、国民から「スペイン史上最悪の王妃」と嫌われることになる王妃を。

けれど親の評価はいつも正しいとは限らない。プロイセンを強国に押し上げたフリードリヒ大王など、王太子時代に父王から「女の腐ったような奴《やつ》」と罵《ののし》られ、あやうく処刑されかけたことさえあったではないか。我らが織田信長にしても、若き日、農民と相撲をとったりして「うつけ者」と言われていた。また王妃というものは、王政が危うくなるとスケープゴートにされやすく、国民から散々《さんざん》に言われるものなのだ。歴史は違う判定をする場合も多い。

では、カルロス四世夫妻への判定は——いやはや、惨憺《さんたん》たるものだ！

カルロスは、一七四八年、父がまだスペイン王となる前、ナポリ王だった時代に生まれた。兄が病弱のうえ知能が低かったので、次男の彼が後継者となる。母親はザクセン選帝侯の娘だが、スペイン・ハプスブルク家の血も引いていた。彼女は三十六年の生涯で十三人もの子どもを産み（成人したのは七人）、死ぬ一年前にスペイン王妃として戴冠したものの、暖かいナポリを恋しがって、「ここは雨ばかりだし風も強く、晴れれば暑すぎて不快です。ナポリの美味《おい》しい果物もありません」と手紙に記し、結核で世を去った。本来は健康で体力もあり、かなりの大食として知られていたのに、スペインの風土がよくよく合わなかったのだろうか。この時十二歳だったカルロスは母の死を深く悲しんだ。

こうしてスペインは王妃を欠き、カルロス三世が再婚しなかったことから、マリア・ルイサの「かかあ天下《でんか》」の芽ができた。なぜといえば、外国大使との接見や重臣の任官、舞踏会などの公式行事において嫁の彼女が王妃代行を務めたので、王と並んだ玉座から夫のカルロスを見下ろすことになったためという。

マリア・ルイサはイタリアのパルマで生まれ育ったが、完全なフランス式教育を受けた。血筋は申し分ない。父はパルマ公フィリッポ（カルロス三世の弟）、母はルイ十五

中年期のカルロス四世
（ゴヤ画／プラド美術館蔵）

中年期のマリア・ルイサ
（ゴヤ画／プラド美術館蔵）

世の娘マリー・ルイーズ・エリザベート。両親ともに名門ブルボン出身だ。いきおい、娘たちの嫁ぎ先も大国になる。マリア・ルイサの姉はすでにハプスブルク家のヨーゼフ(後のヨーゼフ二世。マリア・テレジアの後継者)と結婚しており、マリア・ルイサも最初はフランスの王太子候補(ルイ十六世の兄)と婚約間近だったが、相手が早世したためこの話は流れる。かくするうち、彼女の頭脳明晰《ずのうめいせき》ぶりを伝え聞いたカルロス三世が息子の嫁にと打診してきて、婚儀が相成《あいな》った次第だ。

つまりカルロス四世とマリア・ルイサは父方の従兄妹《いとこ》同士であるばかりか、母方も親《しん》戚《せき》であり、関係が何層にもなっていた。かつてのスペイン・ハプスブルクの青い血(伯父・姪婚が二回あった)ほどではないにせよ、カトリック王家が相変わらず血縁同士で嫁と婿《むこ》をやりとりしていたのがわかる。

マリア・ルイサとの結婚が決まった時、これまで女性経験に乏《とぼ》しかったカルロスは父に不安を訴えた。すると父王は、「カルロス、なんておまえは馬鹿なんだ。王女だろうと女は皆、売春婦のようなものだ」と答えた由。

これはあまりに出来すぎていて、とうてい現実の会話とは思えない。マリア・ルイサが「色情狂」と呼ばれ、愛人の子を複数産んだと噂《うわさ》されるようになった後に、気の利《き》いた(?)誰かが作った小噺《こばなし》であろう。大いに笑いをとったに違いない。

マリア・ルイサが舅《しゅうと》のファースト・レディ役を務めた期間は、なんと二十三年に及ぶ。カルロス三世は啓蒙君主としてスペインを近代化させるのに必死で、息子の妃に対しても厳しかった。その厳しさは、改革案が因習的なスペイン貴族の抵抗を受けた時に吐《は》いた言葉——「彼らは顔を拭《ふ》いてもらう子どもみたいに泣きわめく」——によくあらわれている。マリア・ルイサはそんな王に泣き言もいわず仕え、しかも時として王に楯《たて》突《つ》き、季節ごとに離宮へ移動するのはやめてほしいと堂々と主張したりもしている（聞き入れてはもらえなかったが）。

この調子でいけば、ロシアのエカテリーナ大帝のように夫を押しのけて王冠を被《かぶ》るかと思うところだが、せっかくの頭脳明晰を彼女は男遊びやファッションへ向けてしまう。政治に目覚めることはついに無く、ずうずうしさとふてぶてしさへ転化したのか、カルロス三世が存命中にもう複数の愛人を作り、叱責《しっせき》されている。王はとうに馬鹿息子に絶望していたが、鍛《きた》え甲斐《がい》のない嫁にも失望を隠さなくなってゆく。

息子のカルロスはその間、何をしていたか？

父王の政治のやり方、妻のファースト・レディぶりに感謝していた。

一度マリア・ルイサの愛人が追放された時、カルロスはわざわざ父王に、「あの者がいないと妻が寂しがるので、どうぞ戻してやってください」と願い出たほどだ。宮廷人がそのお人よしぶりを笑っているのにも全然気づかなかった。とにかく狩猟ができればご機嫌なのだ。昼間は狩猟三昧《ざんまい》、空いた時間には旋盤《せんばん》工や時計職人に早変わりした。愚《ぐ》鈍《どん》と言われるわりに、手先は極めて器用だった。そして夜は律儀に妻のベッドへ足を運ぶ。妻以外の女性に関心は無く、愛妾《あいしょう》を持たなかった。

どこかで聞いたような話ではないか。同じブルボンの、同じ時代の、似た者夫婦。ルイ十六世とマリー・アントワネットだ。まるでシンクロニシティのように、この二組には共通点が多い。まず名門同士の婚姻であること、年齢がほぼ同じであること（ルイはアントワネットより四歳上）、妃は我が身を飾るのが大好きで金遣いが荒いこと、王は政治能力が低く、趣味は狩猟と手仕事だということ、妃は最初のうちその若さと愛らしさで国民的人気を博したが、やがて国を滅ぼす元凶として憎まれること、王は容姿にも行動にも男性的魅力が皆無《かいむ》なこと、妃はそんな王に幻滅し愛人を作ったこと、王も王妃も革命の嵐に抗しきれるだけの力がなかったこと……。

一方で大きな違いもある。ルイ十六世は外見とは異なり、インテリだった。彼の読書量は歴史書から地理学、建築学と膨大《ぼうだい》で、自分の置かれた立場も正しく認識していた。ただいかんせん、決断力と行動力に欠けていた。学者によくあるタイプで、分析したり論じたりはできてもかえってそれが足枷《あしかせ》となり、次の一歩が踏み出せない。だからアントワネットと王子を国外へいち早く逃がすこともできぬまま、ずるずる断頭台まで引きずられていった。

カルロス四世は、これはもう父王の言葉どおり、そしてまた多くの証言のとおり、インテリとは程遠《ほどとお》く、馬鹿正直で鈍感で、お飾りの神輿《みこし》に担がれるだけで十分満足できるタイプだった。何かを深く考えることもなかった。その代わり考え過ぎることもなかったから、逆に行動力に長《た》けていた。危ない、そら、逃げろ、である。

子どもの数も違う。アントワネットは結婚後七年以上妊娠できなかった。これはひとえにルイ十六世のせいであり、彼が考えたり分析する間にちょっとした手術を受ければいいものを、ぐずぐず先延ばししたばかりに、彼女を地獄の苦しみに陥《おとしい》れた。王妃の第一の仕事が世継ぎの男児出産にあるとなれば、宮廷雀《すずめ》からは意地悪な眼を向けられ、陰で嘲《あざけ》られ、何も知らない国民からは彼女ひとりが非難された。妊娠に至る行為ができていないのだから、この間のアントワネットの苦悩には同情を禁じ得ない。気位《きぐらい》の高さと軽佻浮薄《けいちょうふはく》の遊びっぷりを指摘されるが、前者は自己武装だったし、後者は憂《う》さ晴《ば》らしの意味合いが強かったであろう。

スペイン側はといえば、最初の五年間は妊娠しなかったが、夫婦とも健康そのものだったから六年目には第一子に恵まれ、その後も次々に生まれた。ただ王女ばかりが続いた時期には、やはり世継ぎの心配が全くなかったとは言えない。最終的には十人以上産んでいる。

マリア・ルイサは二十歳から四十三歳まで、ほとんど二、三年間隔で妊娠した。もちろん自分では授乳も子育てもしないので産むだけとはいえ、公務をこなしながらだから大変な事業ではある。女帝マリア・テレジア並みだ。

最初の子はせっかくの男児だったが、三年で病死。次いで長女を出産。その後続けて何人も子を産むが、男児は皆早世、流産も数回した。三十過ぎてようやく男児の双子を産むが、翌年二人とも死去。この双子の死と入れ替わりに、一七八四年、フェルナンド王太子（後のスペイン王フェルナンド七世）が生まれる。いかにもスペイン的感覚というべきか、この誕生と死には関係があり、フェルナンド王子はどこか忌《い》まわしい、と思われた（確かに後年、両親をナポレオンに売り渡すのだからそうとも言えるが……）。

フェルナンドの後も男児三人と女児二人が生まれた。これでマリア・ルイサの出産は終了。最後の二子、男児と女児はカルロスの子ではなく、愛人ゴドイの子だというのがほぼ定説になっている。宮廷人は皆知っていて、ご注進に及んだ者もいたらしい。

カルロスは怒らなかったのか？

まるで妻の貞淑《ていしゅく》を疑っていなかった、というのが大方の見方だ。お人よしの面目躍《めんもくやく》如《じょ》というべき。

ゴヤの王

スペイン・ブルボン家四代目のカルロス三世が病没したのは一七八八年、本家のフランスで革命が起こる前年だった。遺体はマドリードの王宮にいったん安置された後、エル・エスコリアル（フェリペ二世が建設した壮大且《か》つ陰鬱な宮殿）へ移された。その約五十キロの葬送中に雪が降り始め、あたかもスペインの先行きを暗示するかのごとき猛《もう》吹雪《ふぶき》になったという。

先述したように、カルロス三世は不肖《ふしょう》の息子（とはいえすでにもう四十歳）が何をしでかすか心配で、何ごとも宰相《さいしょう》フロリダブランカ伯爵の忠告に従えと、くれぐれも言い含めて亡くなった。だが王太子にしてみれば、叱責する父王があの世へ行き、カルロス四世として自分が絶対君主となったからには、もはや死者に従順たる義理もないと、次第に思うに至ったのだろう、まさに不肖の息子の面目躍如、統治三年足らずで伯爵を罷免《ひめん》したばかりか、汚職の罪名で逮捕する（二年後に釈放）。

もっともこの処置は、カルロス四世が積極的に行ったというより、王妃マリア・ルイサや他の重臣たちの要請（どこも権力争いは熾烈《しれつ》だ）によって署名しただけとも言われる。確かなのは、その際、父王の遺言が歯止めにならなかったということ。狩猟の回数ばかりが増え、政治からはいよいよ遠ざかる。おかげで即位後しばらくたつまで、アメリカが独立した事実さえ知らなかった（他国の外交官が呆《あき》れている）。宮廷は前王時代の重しがなくなって箍《たが》が外れ、まもなく隣国のポルトガルから、「国境の向こうの精神科病院」などと呼ばれるようになる。

ただ、カルロス四世は美術史には貢献している。スペイン人画家を積極的に登用し、それによってゴヤを巨星ならしめたからだ。前代までのブルボンの王たちは皆スペイン絵画の暗さを嫌い、外国人芸術家を招聘《しょうへい》して上に据《す》えてきた（明治政府がお雇い外国人を高給で迎え、日本人を指導させたのと同じ）。特にカルロス三世は、イタリアで活躍していたドイツ出身の人気画家アントン・メングスに破格の待遇を与えた。首席宮廷画家として俸給十二万レアル、加えて家と馬車だ。これはスペイン人宮廷画家の年俸のおよそ十倍にあたる。またメングスが体調悪化を理由にイタリアへ帰って以降、三世は首席宮廷画家のポストを空位のままにした。

一方、カルロス四世は宮廷画家そのものを激増させている。三世の二十九年にわたる治世で七人だった宮廷画家が、四世の十九年間の治世では何と二十六人（プラス九人が名誉職）。そのほとんどがスペイン人で、俸給は通常一万五千レアル。ゴヤもそこからスタートし、十年後にやっと首席宮廷画家の地位に辿《たど》りついた時には、五万レアルと馬車手当も加えられた。メングスよりずっと少ないが、首席がゴヤの他にもいたし、国家

ルイ十六世
(アントワーヌ・フランソワ・カレ画/ヴェルサイユ宮殿蔵)

マリー・アントワネット
(ヴィジェ・ルブラン画/ヴェルサイユ宮殿蔵)

23歳のゴドイ
(バイェウ画/サン・フェルナンド王立美術アカデミー蔵)

財政逼迫《ひっぱく》ゆえやむを得ない。

いずれにせよカルロス四世は、こうしてスペイン人画家を優遇したことで「ゴヤの王」となった。フェリペ四世が「ベラスケスの王」、チャールズ一世が「ヴァン・ダイクの王」となったように？

いや、それとは違う。スペイン・ハプスブルク家の王もイギリス王も鋭い審美眼を持ち、天才を見抜き、その作品を愛《め》でたが、カルロス四世は周囲の推薦《すいせん》によってスペイン人画家を集め、たまたまそこにゴヤが入っていただけと言っていい。ゴヤは器用で、肖像画家として人気があり、出世欲の塊《かたまり》でもあったが、四十三歳で念願の宮廷画家に指名された時には、まだ後の凄《すご》みを獲得してはいなかった。

カルロス四世のスペイン人登用には、いくつか理由がある。まず啓蒙主義の拡大により、個人、ひいては愛国意識が芽生《めば》え、ファッションなどはもうかなり以前からスペイン独自の、所謂《いわゆる》マホ、マハスタイルが「カッコいい」と再認識されており、芸術に関しても自前の画家や彫刻家などが強く求められてきた。

ちなみに同時期のドイツでは、シラーやゲーテを筆頭に文学者たちがドイツ語の美しさ、ドイツ文学の独自性と優越性を強くアピールした。何しろそれまでは、フリードリヒ大王が言うように、「ドイツ語は馬丁《ばてい》の使う言葉」として一段低く見なされ、貴族はこぞって「おフランスざんす」の有り様だったのだ（何やら、今にも英語を母語にしかねない現代のどこぞの国が思い出されるが……）。

閑話休題《かんわきゅうだい》。

スペインはフランス革命後、親戚筋のブルボン王家を失って彼《か》の国と敵対するようになり、国民感情も反フランスへ傾いたため、画家を新たに迎えることは難しくなった。ではフランス以外の外国人芸術家を雇う道をなぜ選ばなかったかといえば、それが第三の理由で、経済問題だ。「ピレネー山脈を越えると、そこはアフリカ」と揶揄されたスペインは耕地に乏しく、産業育成政策も未《いま》だ成功とは言《い》い難《がた》く、南米などとの海外貿易もイギリスに押されっぱなしで、財政状況はいっかな好転しなかったのだ。宮廷画家を同国人でまかなえば、人数を増やしても安くすませられるという次第。

メングスの伝記を書いた同時代のイタリア人外交官は、この宮廷画家の多さこそが「もっとも確かな欠乏の証《あかし》」と述べており、おそらくそのとおりなのだろう。だがベラスケス後に中断させられたスペイン絵画の流れは、カルロス四世による——たとえ仕方なくであれ——スペイン人重用《ちょうよう》でゴヤという原石が拾い上げられ、みごと繋《つな》がった（ゴヤは自分の師匠は「ベラスケス、レンブラント、自然」と公言していた）。自惚《うぬぼ》れ屋《や》で負けん気の強いこの画家は、宮廷の奥深くに入り込んで王侯貴族や聖職者の腐りきった生態を観察し、戦争の残虐《ざんぎゃく》や己が抱えた内なる矛盾《むじゅん》をも正視し、煌《きら》びやかなロココと暗い情念のスペインを融合させ、ついには残酷と幻想と美に彩《いろど》られた魅力的な、スペインを代表する画家へと変貌《へんぼう》してゆく。カルロス四世の思わぬ手柄であろう。

政治はどうなっていたか？

カルロス四世は自分では何もする気がなく、父王のお気に入りを罷免した後、別の宰相を立ててはみたものの彼も政敵に足を引っ張られて自滅、一七九二年、妃マリア・ルイサの勧めで取り立てたのがマヌエル・ゴドイ。誰知らぬ者ない、王妃の愛人だ。

美丈夫《びじょうふ》のゴドイは、片田舎の貧しい小貴族出身。父はスペイン人、母はポルトガル人。十八歳の時マドリードに出て近衛兵《このえへい》となり、当時まだ王太子妃だった三十四歳のルイサに見初《みそ》められて愛人となる。当然ながら昇進は早い。二十三歳で大佐、二十四歳で中将、二十五歳でもう宰相だ。

こんな若造に国の舵取りができるのか、よくもまあ王は任命したものよ。宮廷人の反感は大きい。

だが年齢と政治能力は必ずしも関係しない。イギリスの小ピット（ウィリアム・ピット）は二十四歳で宰相になり、みごと財政再建を成し遂げている。カルロス四世はゴドイを気に入った。妃の長年の愛人だということは、大いなる鈍感力によって気づかなかったらしいが、仮に気づいていたとしても変わりはなかったろう。スペインの潮流はフランスにやや遅れて、今なおロココ。ロココの恋は結婚後だ。妻は政略結婚を受け入れ、跡継ぎを産んでから晴れて恋愛が可能になる。夫婦が愛し合うのは滑稽《こっけい》であり、まして嫉妬《しっと》するなど論外だ。王にしてみれば、そんな暇《ひま》があるくらいなら一頭でも多くイノシシを狩るほうがよい。それにゴドイはなかなか優秀だ。丸投げして安心できる相手だった。

王と王妃と宰相の関係はこうしてハッピーであったが、王太子フェルナンドはそうはゆかない。この時はまだ八歳なので訳もわからないが、ゴドイが一七九七年までの五年間、さらに数年のブランクをおいて一八〇一年から一八〇八年までの七年間、宰相の座に就いていているうちには少年も青年になる。しかも父と変わらぬ考えの足りなさで、もし祖父が生きていれば、「フェルナンド、なんてお前は馬鹿なんだ！」と嘆かれたのは間違いない。

そんなフェルナンドが思うことはただ一つ。母の愛人ごときに権力を振りかざさせてなるものか。そしてその怒りをさらに煽《あお》ったのは、教会を中心とする旧勢力だった。ゴドイは啓蒙専制的に上からの近代化を目指したが、保守派は昨日と変わらぬ今日を望む。他国ではとうに一掃《いっそう》された異端審問所をまだ存続させ、恐怖で人々を支配し続けようとする。仲間の地主貴族は、自分の土地の土くれ一握りだって国家に分ける気はなく、国が滅んでも自領さえあればいいとの考えでこれまでやってきたし、これからもやってゆく所存だ。そのためには、何があってもブルジョワジーの勃興《ぼっこう》だけは死に物狂いで阻止《そし》する。彼らはフェルナンド王太子という格好の張りぼてを見出《みいだ》して担ぎ、彼の両親と成り上がりの宰相について、あること無いこと国中に噂を撒《ま》き散らす。宮廷は絶えざる内紛の場と化す。

とはいえ、烈風《れっぷう》吹きすさぶのは、中より外だ。フランス革命後に全権を握ったナポレオンは、ヨーロッパ新体制を目指してあちこちへ軍隊を送り始めている。弱体化したスペインに単独で抗《あらが》う力はなく、ゴドイはイギリスと手を結んだり、交戦したり、またフランスと和平交渉をしたりと、急峻《きゅうしゅん》な坂道をフルスピードでどうにかこうにかハンドルをさばくドライバー並みに奮戦した。反対派からは、王妃のベッドで宰相の地位を得た悪の権化《ごんげ》のように叩《たた》かれながらも、彼の運転がなかなか器用だったからこそ、スペインはかなり長い間軽傷で済んでいられたのだ。カルロス四世も狩りをやめずにすみ、マリア・ルイサはおしゃれを続け、フェルナンドにも陰謀《いんぼう》をめぐらす余裕があった。

破局は、ナポレオンがスペイン制覇《せいは》の野望をもはや隠さなくなってからだ。フランス軍の侵攻を、人々はゴドイが国を売ったからだと信じ込む。邸《やしき》が襲われ、ゴドイが暴徒に監禁されたと知った時、カルロス四世はフェルナンドの求めに応じて退位した。父から王冠を奪った息子はフェルナンド七世を宣言する。

一八〇八年五月三日、マドリード
（ゴヤ画／プラド美術館蔵）

フェルナンド七世
（ゴヤ画／プラド美術館蔵）

驚いたのはナポレオンだ。彼は武力をちらつかせ、カルロス四世父子と王妃、そしてゴドイをフランス国境に近いバイヨンヌに呼びつけた。呼びつけられた一国の王としてはどんなにか情けないことであろう。ところがナポレオンから国の統治法を尋《たず》ねられたカルロス四世は、こう答えた。

——毎朝、夏でも冬でも晴れでも雨でも、特別な式典がない限り、朝食後には狩りに行きます。昼食後、また狩りをして、帰るとゴドイから政務の報告を聞き、夕食を食べて寝ます。

ナポレオンの感想はこうだ——カルロス四世は押し出しが立派で、率直で善良な家長の風格がある。ただしそれが地位ゆえか、状況のせいか、余《よ》にはわからない。

あまりに堂々たる愚鈍さに、さすがのナポレオンも目が点になったとでもいうのだろうか。この時のエピソードはもう一つあり、王妃は裏切り者の息子に怒り心頭で、フランス人たちの目の前で、「この私生児め！」（『ゴヤ3　巨人の影に』）と罵ったという。

何にせよ、軍事的に優位な方が強い。ナポレオンはフェルナンドに命じて王冠を父王へ返させた。それから改めてカルロス四世に王位を放棄させ、自分の長兄をスペイン王として赴任《ふにん》させる。四世夫妻とゴドイは亡命、フェルナンドはフランスに留め置かれた。

といってもタレーランの豪邸で過ごすわけだから、居心地は悪くなかったらしい。

一方スペイン国民は、カルロス四世と王妃とゴドイの悪口ばかり聞かされていたので、我らが新王フェルナンドが幽閉された、すわ、とばかり、反フランスの大ゲリラ戦が展開される。ゴヤの傑作『一八〇八年五月三日、マドリード』（一三一ページ）の世界だ。

一八一四年、戦いが終わってフランスを追い出し、歓呼の中、フェルナンド七世を迎えてみれば、失望、いや、絶望するのはすぐだった。この王は国を守るため戦った市民たちにまで反王党派の疑いをかけて処刑するし、ナポレオンの兄がせっかく廃止した異端審問所もあっさり復活させたのだった。

ゴヤ描くフェルナンド七世の肖像（一三一ページ）を見てほしい。かつてこの王の妃は母親宛《あ》ての手紙にこう書いていた、「鈍感で、何もせず、嘘《うそ》つきで、卑《いや》しくて、腹黒く、（中略）読まず、書かず、考えず、要するに無です」（『ゴヤ2　マドリード・砂漠と緑』、以下Ⓒ）。

イソップ寓話《ぐうわ》の『王様を欲しがるカエル』が思い出されよう。

池に棲《す》むカエルたちが王様がほしいと神に祈ると、大きな丸太を与えられた。こんなデクの坊なぞとカエルは馬鹿にし、もっと強い王様をくれと要求。すると神はコウノトリをつかわした。鳥はカエルを片端から餌《えさ》にしてゆき、とうとう池には一匹もいなくなった……。

カルロス四世の家族

少し時を遡ろう。

一七九九年、五十三歳のゴヤはついに願望達成し、スペイン画壇の最高位、首席宮廷画家に上りつめた。ただしマエーリャ（当時はゴヤより有名な画家）とのツー・トップである。この七年前には原因不明の高熱により完全に聴力を失ってしまったが、奇想の版画集『ロス・カプリーチョス』を発表するなど、いよいよ我々が知るゴヤらしいゴヤ、強烈きわまりない個性へと変貌しつつあった。

首席となってすぐ、王家から肖像画を依頼される。王と王妃、それぞれ単独の騎馬像《きば》だ。このころマリア・ルイサはゴヤを気に入っていたらしく、愛人ゴドイ宛ての手紙によれば、モデルとして五、六段の高い台の上で（馬に乗っている設定のため）、きちんと衣装を着たまま二時間半もポーズを取ったというのだ。「わたしはずいぶん辛抱しました」。しかし「おかげで望みどおりの、そっくりな肖像画になりました」。

ふつう王侯はほんのわずかしか時間を割《さ》かないから、画家は顔や全体の特徴を急いでスケッチし、あとは別のモデルに衣装を着せて仕上げるやり方がほとんどだ。しかしそれでは良い肖像などできないと、ゴヤは王妃を説得したのであろう。結果は王妃を満足させ、ゴヤはさらなる大作を依頼されることになる。

肝心の『マリア・ルイサ騎馬像』（巻頭口絵参照）は、ゴヤ作品として特段の出来栄えとは言えないにせよ、彼女という人間をよく伝えてはいる。リボン付きの大きな黒い帽子をかぶり、近衛隊騎兵大佐の軍服で男装した王妃は、ゴドイからプレゼントされた駿馬《しゅんめ》マルシアスに乗り、首を伸ばし目を見開き、傲岸《ごうがん》丸出しで睥睨《へいげい》する態《てい》。冷笑的な口元やあまりにあからさまな得意満面の表情は、「権高《けんだか》こそ命」たる絶対王政時代の、とりわけブルボン家の文化（？）であってみれば、それをそのまま写しだした肖像を本人が嫌がる理由はなく、むしろ大いに気に入ったのは当然であろう。

こうした尊大さの顕示《けんじ》は、平等社会——たとえ建前でも——に生きる現代日本人にはわかりにくいが、それでも家柄や地位、学歴、収入などを鼻にかけて滑稽なまでにふんぞり返る人間に出会うことがないわけではない。その度合いを十倍にも百倍にもしたのが、かつての王侯貴族だったわけで、同時代人は好む好まぬは別として、ふつうのことと受け入れていた。さらには、どれだけ威張っているか、どれだけ金をかけて着飾っているかを、敬意を表する際のバロメーターにしていた（それしかバロメーターが無かったとも言える）。

とはいえ時は十八世紀の啓蒙時代、先王カルロス三世は晩年には気さくな自然体で愛されていたし、現カルロス四世も茫洋《ぼうよう》さで知られていたほどなので、マリア・ルイサの尊大きわまりない態度が周囲に好ましく思われていたはずはない。もっともゴヤに王妃を皮肉る意図があったとは考えにくく、彼女がいつも見せる表情を瞬時に切り取っただけだろう。にもかかわらず、そこに他人を見下《みくだ》す人間のいやらしさを感じてしまうのは、ゴヤの透徹《とうてつ》した目と手によるのかもしれない。

さて、いよいよ大作『カルロス四世家族像』（一三八〜一三九ページ）。二点の騎馬像に満足した王と王妃から、ほとんど間をおかずして発注があり、ゴヤはこれこそ首席宮廷画家にふさわしい仕事と大いに張り切った。彼にしては珍しく油彩の下絵を十枚も描いており、並々ならぬ意気込みがうかがえる。またこのとき王家はマドリードからかなり遠い離宮に滞在していたのだが、ゴヤは四度もそこへ通って各人をスケッチし、完成に一年近くかけている。

画面は二・八×三・三メートル。ベラスケスの傑作『ラス・メニーナス』（一四七ページ）とほぼ同じサイズだが、あちらは縦長、こちらは横長。左端に大きなキャンバスを立てて自画像を描き入れているのも同じだが、あちらはまるでオペラの舞台のように高さも奥行きもたっぷりしたバロック的空間、こちらは壁際へ人々を追い詰めて整列させたような平面的で息苦しい空間。ゴヤは心の師ベラスケスにオマージュを捧《ささ》げるとともに、独自性を追求したのだ。

画面の真ん中にいるのは、王家の実際の中心人物マリア・ルイサ⑧だ。カルロス四世⑥は今の位置に不服はない。政務を妻の愛人に丸投げし、指導力を発揮する場は狩猟と心得ている（なにしろ狩りは本来、指導力の象徴なのだから）。王はいささか肥満し、さしもの体力自慢も馬上で息切れを起こしはじめていたせいか、森を疾駆《しっく》するだけでなく、運河に船を浮かべてそこから大砲を撃ち、鹿やイノシシを獲物にしていた。何にせよ、好きなことを終日やっていられるハッピーな暮らしぶりであった。

画中の王族を紹介すると――

王妃⑧は十回以上出産したが、この時点で生存していた王子と王女は六人。全て登場している。歳の順でゆくと、右から四番目、人の肩越しにぽっかり横顔だけ出しているのは、長女カルロータ・ホアキーナ④。すでにポルトガル王に嫁いでおり、かの地で政治に介入して夫である王と対立するなど、母親に負けぬほど不人気だった。右端で赤ん坊②を抱いているのは三女マリア・ルイサ・ホセフィーナ①。隣に立つ従兄《いとこ》にして夫のルイス・デ・ボルボン③が、本作完成後エトルリア王になったので、彼女は王妃、腕の中の子は未来のエトルリア王だ。

王族の左から二番目が、十六歳のフェルナンド⑫（後のフェルナンド七世）。十四年後にゴヤは再び彼を描くのだが（一三一ページ）、それに比べるとここでは相当美化されている。これまでもこれからもそうだが、ゴヤは幼い子どもや十代の若者に対する視

⑧
⑥
⑤
④
③
①
②
⑦

カルロス四世家族像
（ゴヤ画／プラド美術館蔵）

線が優しい。若さは薄汚れた大人の世界に無縁、と信じたがっていたに違いない。フェルナンド⑫のすぐ後ろで彼の腰につかまる弟のカルロス・マリア・イシードロ⑬は、後年、王位を手に入れようと奮戦して挫折《ざせつ》する運命だった。結婚相手は長姉カルロータ・ホアキーナ④の娘。つまり叔父《おじ》・姪《めい》婚だ。おまけに妻が死去すると、妻の姉と再婚した。叔父・姪婚を、一人で二度くり返した次第。

王妃⑧が肩を抱く少女⑨と、手をつないでいる少年⑦は、王⑥の子ではなく、ゴドイとの間にできたと噂されていた。少女マリア・イサベル⑨は、やがて両シチリア王妃となって十二人の子を産む。少年フランシスコ・デ・パウラ・アントニオ⑦はカディス公となり、姉マリア・イサベル⑨の娘と結婚したので、これまた叔父・姪婚である。

この絵の登場人物のうち、なんと四人までが叔父・姪婚をしている。三人目は、右から五番目のアントニオ・パスクアル⑤で、王⑥の影武者のように見えるのも道理、彼の弟だ。四十歳の時、兄の次女で十六歳のマリア・アマリアと結婚した。本作制作時の二年前に十九歳で亡くなったため、ここにはいない。ここにはいないが、そのアマリアに、思いを馳《は》せずにいられない。彼女は同じ宮廷でずっといっしょに過ごしてきた、父王と顔がそっくりの叔父のもとへ嫁がねばならなくなった時、どう思ったのだろう？　絶望しただろうか？　それとも夫が王になる可能性がゼロではないのだから、たとえ王位継承順位が低くとも政略結婚としては悪くないと、割り切ったのだろうか……？　どうであれ、短い結婚生活であり、短い人生であった。

四人目の叔父・姪婚者は、先にあげたフェルナンド⑫だ。彼は女運が悪いのか、はたまた女のほうが彼のせいで命を縮めるのか、次々亡くなり、四度も結婚した。そのうちの二人が姪である。二人目の妻（長姉カルロータ④の娘）と四人目の妻（妹マリア・イサベル⑨の娘）。従って正確に言えば、叔父・姪婚と伯父・姪婚だ。

かつてのスペイン・ハプスブルク家のように、何代にもわたり国王が濃厚な血族結婚をくり返して王朝断絶に至るという劇的な展開ではなかったためあまり知られていないが、スペイン・ブルボン家もこのように——一枚の絵に描かれた男たち六人のうち四人までが叔父・姪婚という——凄《すさ》まじい事態になっていたのだ。本家のフランス・ブルボンはそこまで近い血族結婚はしていないので、何やらスペインという風土がそれを招くのだろうかと思うほど。

いや、真実のところは、単に良き縁談先の払底《ふってい》にすぎないのかもしれない。その好例が、画面左から四人目の、老いた猛禽類《もうきんるい》のごとき女性、カルロス四世⑥の姉マリア・ホセファ⑪、五十六歳だ。王女の嫁ぎ先は難しい。彼女が適齢期だった十代半ばにはふさわしい相手が周辺国におらず、二十代半ばでルイ十五世の再婚候補になった時には、美王が早々と魅力的なデュ・バリーを寵姫《ちょうき》にして、妃はもういらないと宣言してしまった。以来、宮廷で寂しく侘《わび》しく居候《いそうろう》住まいの身をかこつ。それでも流行の付け黒子《ほくろ》を右目の横に付けておしゃれを楽しんでいたではないか、と言いたいところ、これはどうやら悪性の丹毒《たんどく》だったらしい。本作完成後まもなく病死している。

フェルナンド⑫の隣で不自然に顔をそむける若い女性⑩がいる。彼女はフェルナンドの婚約者と推定され、ゴヤが顔を知らなかったため、結婚後に改めて描き入れる契約だったようだ。なぜか放置されたままに終わり、画面全体の奇妙さを強調することになった。

奇妙さ——それは、主役二人の顔の描写に尽きるだろう。王妃マリア・ルイサ⑧は一年前の騎馬像でも決して理想化はされていなかったが、それにしてもこの顔よりずっと若く見えた。今の彼女は傍《かたわ》らの少年の母というより祖母である。首を伸ばし、顎を上げ、目を見開いて、口をへの字に曲げているのは同じでも、目鼻立ちの欠点をかくも容赦なく描いてはいなかった。老けた分だけ尊大さも倍増し、顔というより顔つきに品性がない。まさに絵に描いたような根性の悪い嫌な女。美も気品もなく、歪《ゆが》んだ口からは不快な言葉しか発せられそうもない。ゴヤはまるで、「スペイン史上最悪の王妃」というあだ名にぴったりの像を、悪夢を紡《つむ》いで産み出したかのようだ。他の宮廷画家なら決してこんなふうには描かなかったろう。

カルロス四世⑥も似たりよったりの扱いといえる。白い鬘をちょこんと頭に載せた王は、血色の良い肌をして、薄い唇を真一文字に結び、彼方《かなた》の理想郷へ視線を向けているふうではあるが、全身からたちのぼるのは愚鈍の一語。およそ何も考えていないことがよくわかる。父から「なんておまえは馬鹿なんだ」と言われ続けた人間にふさわしい容姿と雰囲気を醸《かも》し出す。

さらにゴヤは不思議な人物配置をしている。カルロス四世の背後から、弟のアントニオ・パスクアル⑤の顔が覗《のぞ》くようにしたのだ。よく似た二人だが、片や顎を上に向け艶々《つやつや》とピンク肌、片やうつむきぎみで黄の差した病的な肌、何より片や陽、片や陰。実際アントニオは反ゴドイ派、つまり反国王派で、王太子フェルナンド⑫を焚《た》きつけるなど宮廷で暗躍していたのは周知の事実だから、ゴヤがそれを暗示したと言えなくもない。しかし兄弟をこんなふうに並べると、あたかも好人物の裏には胡散臭《うさんくさ》い顔が隠れているのだといわんばかりで、とうていゴヤが偶然に配置したとは信じ難いのだ（ついでながら、アントニオ⑤と姉の老王女マリア・ホセファ⑪は、つりあいを取るように左右同位置）。

王族のイメージを壊す、人品骨柄《じんぴんこつがら》よろしからぬ中・老年たちと、若いが無個性の世代が交じり合うこれら十三人は、中身の乏しさを補うかのように、絢爛豪華《けんらんごうか》な（金ピカすぎる）衣装・宝石・勲章・サッシュを身につけている。青、赤、金、黒、白と、色彩は美しいメロディを奏で、まばゆく放つ光はリズムを刻む。ゴヤは首席宮廷画家の特権でウルトラマリンやカーマインといった高価な顔料をふんだんに使って、画面を輝かせた。

輝けば輝くほど、だが人物の空虚さが際立《きわだ》つ。これを非情なまでのリアリズムと呼ぶべきなのか。

背後の闇《やみ》から彼らを、そして我々をじっと見つめるゴヤ⑭は、どういう気持ちでこの大作を仕上げたのだろう？　貪欲《どんよく》な出世主義者で、首席就任を臆面《おくめん》もなく自慢していた彼が、王族を怒らせようとするとは思えない。だが王⑥にせよ王弟《おうてい》⑤にせよ、こんなふうに描かれて嬉《うれ》しいだろうか？　特に王妃⑧の場合、仮にそっくりだとしても本人は認めたがるまい。それに気づかぬゴヤでもあるまい。なのに描いた。描ききった。優れた画家は時として意図せぬ方向へと筆が勝手に走るのだろうか？　俗な人間としてのゴヤは権力者にへつらわねばならぬと思っていても、芸術家としてのゴヤがそれを裏切り、作品は遥か時代の先へ向けて放たれたのか？

『カルロス四世家族像』は（一時期だけだったらしいが）宮殿に飾られた。その後、王も王妃もゴヤに肖像を発注していないので、やはり気に入らなかったのだろう。降格されることはなかったから、ゴヤとしてはかえってありがたかったかもしれない。これ以上もう愚劣《ぐれつ》な人間たちを描かずにすむ、と。

本作は同時代のフランス人を驚愕《きょうがく》させた。盛大に美化理想化され、これでもかとばかり偉そうにポーズした王侯肖像を見慣れた彼らの目には、新聞の諷刺《ふうし》版画ならいざ知らず、公式肖像画でのこうした表現は、のけぞるほど衝撃的だった。その衝撃は階級社会が続いている限り変わらず、およそ半世紀後の作家ゴーティエは、「富籤《とみくじ》にあたったパン屋の一家のようだ」（Ⓒ）と表現している。

ではフランス人以外はどうだったのか？　また平等社会となった今では？　やはり驚き、訝《いぶか》り、想像力を刺激されるのは同じである。ベラスケスの『ラス・メニーナス』の魅力的な謎とは違い、いかにも生臭い、ゴヤ的な謎かけではあるが……。

地上の三位一体《さんみいったい》

フランスでマリー・アントワネットが「赤字夫人」だの「オーストリア女」だのと罵《ば》倒《とう》されていたように、スペインでも乱脈な宮廷に対する怒りは痛烈な表現を伴った。中でも凄いのが、「淫売《いんばい》と淫売屋の亭主とヒモ」（Ⓒ）。それはもちろん王妃マリア・ルイサ（淫売）、カルロス四世（淫売屋の亭主）、宰相マヌエル・ゴドイ（ヒモ）を指す。

ゴヤは、『カルロス四世家族像』を完成させた同年一八〇一年、戦場におけるゴドイも描いている。二ヶ月足らずで決着をつけた、対ポルトガル戦（オレンジ戦争）戦勝記念肖像だ。命名の由来は、ゴドイがこの地のオレンジの枝をマリア・ルイサへ贈ったことによる。喜んだ王妃が「おお、マヌエル」と手紙を書いている。「あまり身を晒《さら》さないでください、お疲れになってもいけません」。なかなかロマンティックだ。

ゴヤによるゴドイ像にもどると、これがまた家族像同様、いささか驚きを禁じえない。元帥《げんすい》服姿でしかも戦地の作戦本部にいるとの設定にもかかわらず、何やしらん、「淫売のヒモ」という形容にふさわしく見えてしまうのは、座るというより寝そべっているのに近い、自堕落《じだらく》な姿勢ゆえだろうか。それとも全身から発せられる好色の気配のせいなのか。

かつてナルシスとあだ名された美青年ゴドイも、三十四歳の今では肉がつき、やや締まりのない体軀《たいく》になっている。しかしそれでもなおその雰囲気は、執務室前に愛を求める女性たちが大勢たむろしている、との噂に信憑性《しんぴょうせい》を与えるに十分だ。ゴヤはいくらでも元帥としてのゴドイの能力を引き立たせることができたであろうに、ここで引き立たせているのは明らかに別の能力の方だ。両脚の間から指令棒を屹立《きつりつ》させているのさえ、思わせぶりである。こういう描写にゴドイが何らクレームをつけなかったのは、ラテン的マチスモ（男性優位）の支配する世界だからなのか？

何よりゴドイはゴヤの後援者で、『着衣のマハ』と『裸のマハ』（一四九ページ）の発注者でもあった。裸体厳禁のスペインで、ヘアまで描き込んだオール・ヌードとは大胆きわまりなく、ゴヤとしてもゴドイが国の最高実力者であればこそ要求に応えたのだ。まさかオレンジ戦争のわずか七年後にゴドイが亡命するとは、ゴヤにも想像の外《ほか》だった。どうせならマハの絵を持って逃げてくれればよいものを、ゴドイは自邸に置き去りにし

ラス・メニーナス
（ベラスケス画／プラド美術館蔵）

マヌエル・ゴドイの肖像
（ゴヤ画／サン・フェルナンド王立美術アカデミー蔵）

ており、ヌードを描いたのがばれたゴヤは異端審問所へ呼びつけられることとなる（幸い、お咎《とが》めなしですむ）。

ヌードに対するスペイン人のこの頑《かたく》なな態度は、教会の規制という理由だけでは説明がつかない。同じ敬虔なカトリック国のイタリアやフランスでは――神話や歴史というエクスキューズ付きとはいえ――ルネサンス以降延々と人間の肉体美を讃美し続けているではないか。スペインの場合は、やはり七百年以上にわたるイスラム支配の影響が大きかったに違いない。そしてそのスペイン的感覚と、ハプスブルク系やブルボン系王侯及びそれを取り巻く宮廷の意識との間には、越えがたい深い溝があった。

カルロス三世が治世前半に、王室コレクションの「裸体が多すぎる」作品を燃やそうと考えたのは、異国の王として支配体制を盤石《ばんじやく》にするための手段と思われる。一般人がほとんど目にする機会のない王宮を飾るヌード絵画の傑作群は、ハプスブルクのカール五世、フェリペ二世、フェリペ四世といった目利きの王たちが、ティツィアーノら外国人画家に発注したり、他国のコレクションを購入したりして集めたもので、決してスペイン人画家に描かせはしなかった（ベラスケスの裸のヴィーナスは、イタリア滞在中に描いた作品）。強大だったハプスブルクに比べ、ブルボンのいささか脆弱《ぜいじやく》な体制にある王カルロス三世としてみれば、できるだけ危険の芽は摘《つ》んでおこうと、ティツィアーノ、ルーベンス、レーニ、ヴェロネーゼなどのヌード画を葬《ほうむ》り去ろうとしたのだった。

裸のマハ
（ゴヤ画／プラド美術館蔵）

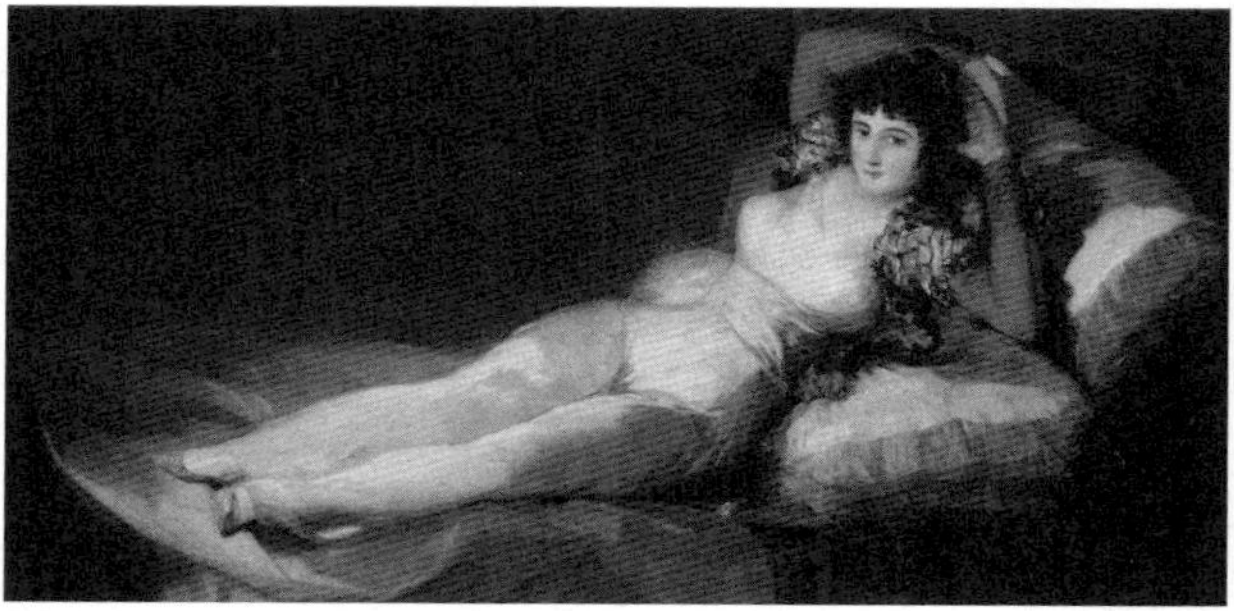

着衣のマハ
（ゴヤ画／プラド美術館蔵）

守ったのは当時の首席宮廷画家メングス。彼はそれらを自分のアトリエに一時預かりするからと、王を説得した。

面白いのはカルロス四世。父王が焼却を思いたった、ちょうど三十年後の一七九二年、突然、同作品群を破棄すると言いだした。血縁関係にあるルイ十六世が王位剝奪《はくだつ》された年なので（処刑は翌年）、危機感を覚えたのであろう。この時は美術品の財産価値をよく知るスペイン人重臣が、サン・フェルナンド王立美術アカデミーに禁断の部屋を作ってスペイン人の目から隠せばよいと、王の思いつきを撤回《てっかい》させた。

これに関して一八〇三年、イギリスのホランド男爵夫人（レディ・ホランド）が次のように記している――特別な計らいにより、この禁断の部屋でコレクションを見ることができた。信仰篤《あつ》き王（＝カルロス四世）が全ての裸体画をここに封じたのだ。最初は破棄《はき》するつもりだったが、人眼に触れさせない約束で作品は守られた。娘婿《むすめむこ》であるエトルリア王にさえ、王は入室を禁じているそうだ。

この証言によって、カルロス四世は本気でヌード画を穢《けが》れたものと考え、これらを封印することでルイ十六世の、ひいては自分の身が守られると信じたのではないか、と主張する研究者もいる。確かにカトリックの教えと王権神授説を固く信じる王であってみれば、革命などは悪魔の所業にも思えたろう（カルロスはフランス革命時、王政派に資金提供してフランス・ブルボン家を応援した）。しかしだからといって、イギリスの客人に言ったことが全て真実とは限らない。少なくとも、ルイ十六世が処刑されてしまったからには、封印の意味も薄れたはずだ。でなければ特別扱いと称してけっこういろいろな人に（レディ・ホランドには数人の同伴者がいた）見せている説明がつかない。秘することで価値を高めた可能性も無きにしもあらず（骨董《こっとう》自慢、春画《しゅんが》自慢に通じる）。事実、自慢できるコレクションだった。全て現在プラド美術館の人気作である。

カルロス四世は、父王曰《いわ》くの「馬鹿」というより、あっぱれな「馬耳東風《ばじとうふう》」タイプであった（同じことか？）。狩猟が三度の食事と同じほど好きだから毎日馬を駆る、どうしても出席せねばならない重要儀式には出る、妃が恋愛遊戯《ゆうぎ》に耽《ふけ》っていても腹が立たないので放っておく、政治は苦手だから得意な人間にまかせ、いっさい口を出さない。幸いにしてゴドイは優秀であり、その優秀さがわかるほどには頭がまわった。

ゴドイは王妃の愛人だったため、かつては散々な悪口雑言《あっこうぞうごん》にさらされたが、現在では多くの歴史家に再評価され、「スペイン啓蒙主義最後の力強い勇士」と讃える研究者もいる。またルイ十六世についてさえ、実は立派な業績があったとの研究書——王としての失政はともかく——が近年出版されているので、カルロス四世だとていつかはそういう話になるのかもしれないが、今のところ全然その気配はない。それは彼の亡命生活が拍子抜けするほど平穏だったせいだろうか。

先述したようにカルロス四世は、妃マリア・ルイサと息子フェルナンド、ゴドイともどもナポレオンにバイヨンヌまで呼びつけられ、いったんはフェルナンドに奪われた王冠を取り戻すが、その場で（ほんの数分後）退位させられたあげく、ナポレオンの兄がスペイン王を名乗るのを認めざるを得なかった。貴族の称号と年金支給を見返りに、スペインを去ることも承知した。

これは必ずしも王家の無能を意味しない。当時のナポレオンに誰が抵抗できようか。もちろんカルロス四世には、成り上がり皇帝に戦いを挑んで玉砕《ぎょくさい》する道もなくはなかったが、フランスへの呼び出しに応じた時点ですでにもう戦意は消失し、完敗しているのだ。スペインを放り投げて亡命の道を取る。同行するのは、妃とまだ小さな二人の子マリア・イサベルとアントニオ、そしてゴドイ、さらには侍女や召使《めしつかい》など百人を超えたという（父母を裏切ったフェルナンドと、すぐ下の弟イシードロはナポレオンの捕虜《ほりょ》となった）。ヴァレンヌ逃亡を企てたルイ十六世一家がかなりの財産を馬車に積み込んでいたように、カルロス四世らが持ち出した金銀宝石もそうとうのものであったろう。

廃位された王と王妃、かつての宰相の三人は、誰言うともなく「地上の三位一体」と呼ばれ、いっしょに長い亡命生活を送った。フォンテーヌブローでしばらく過ごし、コンピエーニュからプロヴァンスへ移り、さらにマルセイユへと四年ほど転々とした後、一八一二年からはローマのバルベリーニ宮殿でようやく落ち着いて暮らせるようになる。

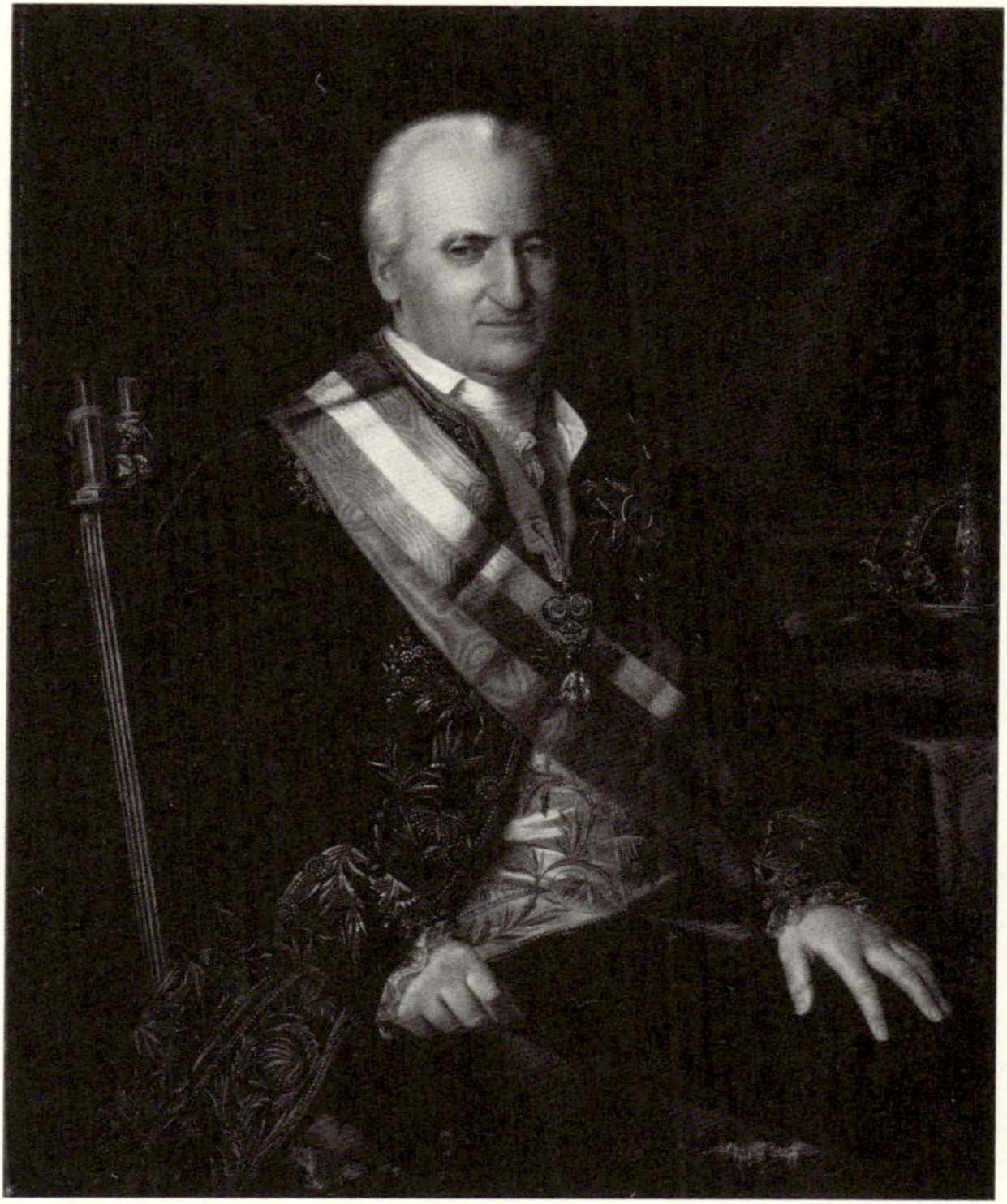

カルロス四世
(マドラーソ画／アランフェス宮蔵)

この間スペイン国民は、まさに泥沼のゲリラ戦を展開して（ベトナム戦争もかくや）、ナポレオンに血みどろの抵抗をしていたのだった。カルロス四世はスペインに留まらずにすんでありがたいと思っていたかもしれない。ナポレオンがロシア戦線で大敗した時には、とうぜん王政復古を考えたはずだが、一八一四年、スペインが歓呼の声で迎えたのはフェルナンド七世のほうだった。執念深いフェルナンドは決して両親の帰国を許さなかった。

歴史から置き去りにされたカルロス四世の生活はといえば、国王時代と同じとは言えぬまでもかなり贅沢《ぜいたく》に暮らし、死の三年前にはローマに留学中のスペイン画家マドラーソに肖像画（一五三ページ）も描かせている。美化されたこの絵は、ゴヤのとは全く別物だ。王らしき威厳を保ち、肉体的にも相変わらず頑健そうだ。事実、まだ狩猟もしていた。このころナポリは、三つ下の実弟フェルディナンド一世（一〇四ページ、両シチリア王）の支配地だった。彼はマリア・テレジアの娘（マリー・アントワネットの姉）を妃とし、母譲りのしっかり者の彼女に政治をまかせ、狩猟三昧社交三昧のお気楽生活を送っており、亡命中の兄を誘って時々いっしょに狩猟を楽しんだのだ。

一八一九年、六十七歳のマリア・ルイサが肺炎で亡くなった時、最期《さいご》を看取《みと》ったのはゴドイであってカルロスではなかった。ナポリ滞在中で留守だったというから、もしかするとまた弟と狩猟をしていたのだろうか。このあたり、よくわかっていない。いずれにせよ七十歳のカルロスは、妃が亡くなったわずか十八日後に死去している。病死と思われるが、ナポリで亡くなったのか、ローマでかは不明。表舞台を去るというのはそういうことなのだ。

似た者カップルだったルイ十六世とマリー・アントワネットは、あれほどの恥辱《ちじょく》を受けた末にギロチン台で処刑され、幼い王太子まで悲惨《ひさん》きわまりない最期を遂《と》げた。それに比べれば、カルロス四世夫妻は長生きできたほうであり、生活に困窮《こんきゅう》することもなく、直系の子孫はその後もそれなりの地位に就いている。あんがい歴史に忘れられた人間のほうが幸せな場合が多いのかもしれない。

ゴドイだが、彼が王と王妃と同年に亡くなっていれば三位一体は完璧《かんぺき》だったろうに、牡牛《おうし》のような彼は逞《たくま》しい生命力でさらに三十二年先（ロンドン万博開催年）まで生き続けた。『裸のマハ』（一四九ページ）のモデル説もある愛人ペピータといっしょにだ。晩年にはスペイン政府から称号と財産の一部も返還され、八十四歳で亡くなるまでパリで暮らした。回想録も執筆している。アントワネットの恋人フェルゼンとつい比べてしまう。フェルゼンは五十四歳まで生きたが、その最期は奇《く》しくもヴァレンヌ逃亡の日と同じ、運命の六月二十日、死に方は反王党派の民衆による惨殺《ざんさつ》というドラマティックなものだった。ゴドイの老衰死《ろうすいし》とは対極にある。

かくしてフランス・ブルボンの王妃は悲しみの王妃となり、スペイン・ブルボンの王妃は史上最悪の王妃のままに終わった。カルロス四世はといえば、人の良さと無能さとある種の幸運によって、こちらも残酷な王とはなりそこねた。

第四章　カロリーネ・マティルデ

Caroline Mathilde（1751-1775）
イギリス王ジョージ二世の長男フレデリック・ルイス王太子と
王太子妃オーガスタの末娘。ジョージ三世の妹。
従兄であるデンマーク・ノルウェーの王クリスチャン七世妃。

カロリーネ・マティルデ

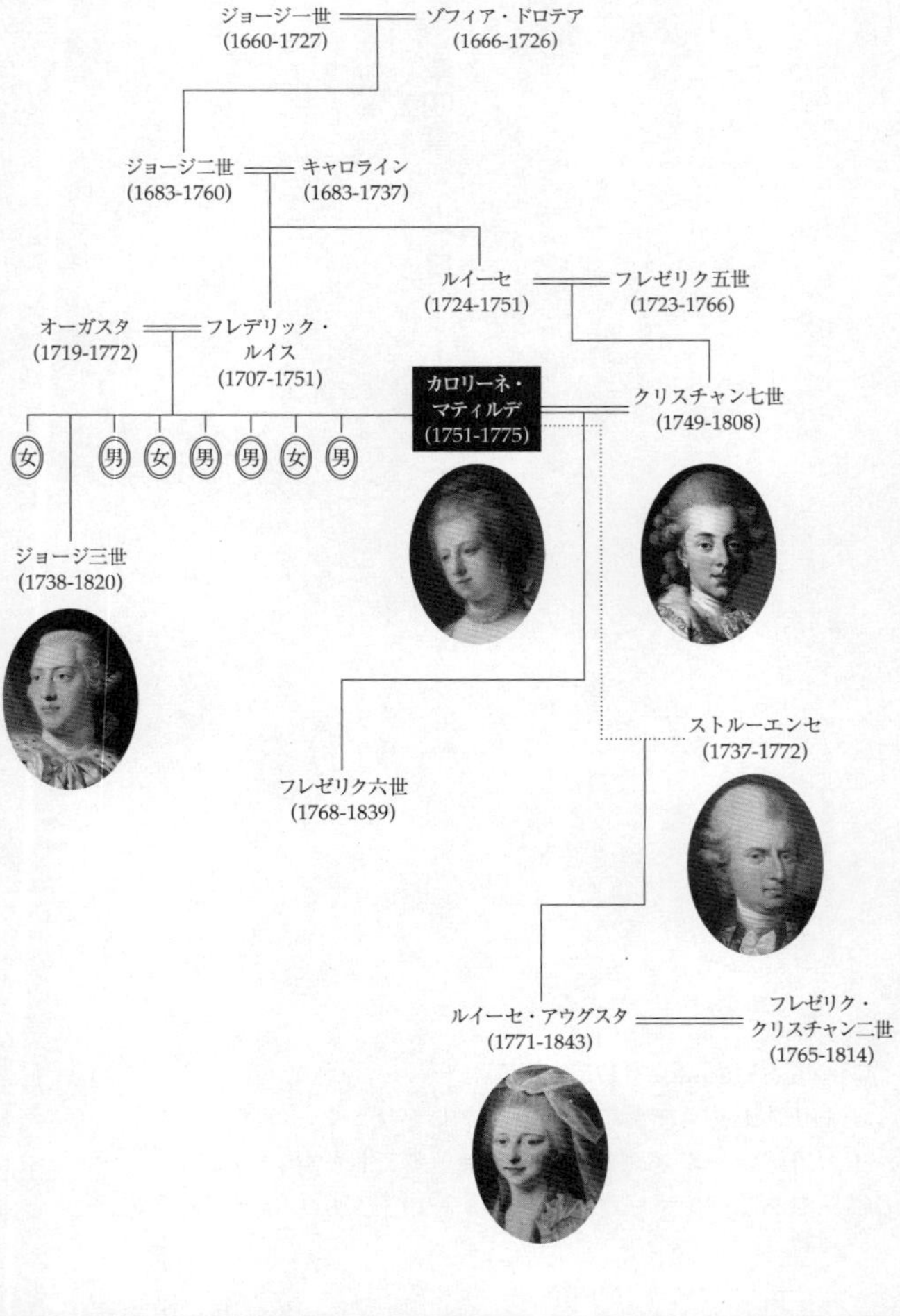
ジョージ一世
(1660-1727)
ゾフィア・ドロテア
(1666-1726)
ジョージ二世
(1683-1760)
キャロライン
(1683-1737)
ルイーセ
(1724-1751)
フレゼリク五世
(1723-1766)
オーガスタ
(1719-1772)
フレデリック・ルイス
(1707-1751)
カロリーネ・マティルデ
(1751-1775)
クリスチャン七世
(1749-1808)
女
男
女
男
男
女
男
ジョージ三世
(1738-1820)
ストルーエンセ
(1737-1772)
フレゼリク六世
(1768-1839)
ルイーセ・アウグスタ
(1771-1843)
フレゼリク・クリスチャン二世
(1765-1814)

イギリスからの御輿《おこしい》入れ

五百近い島々で構成されるデンマーク。その首都コペンハーゲンから北へ三十キロのエルシノア（デンマーク語ではヘルシンゲア）には、高波の海へ突き出るようにしてクロンボー城が建っている。クロンは「王冠」、ボーは「城」の意。現在は世界遺産の一つだ。

この城の別名は、ハムレット城。むしろそちらの方で知名度が高い。シェークスピアはクロンボー城を見たことはなく、それどころかデンマークへ行ったことすらなく、古い北欧伝承をもとに傑作悲劇を書き上げた。実在したとされるデンマーク王子アムレト（Amleth）のスペルを換え、ハムレット（Hamlet）という名を決めたという。開幕とともに父王の亡霊が城の防壁に現れるシーンは、烈風《れつぷう》吹きすさび海鳴り轟《とどろ》く灰色の地にこそふさわしい。

エルシノアはかつてヴァイキングの拠点港であり、岬《みさき》に小さな要塞《ようさい》も存在していたが、十六世紀末のデンマーク王がルネサンス様式の居城に建て替えた。半世紀ほどたち、それが火災で焼け落ちると、バロック様式の現存のものに生まれ変わった。つまりハムレットが（もちろん架空の人物ではあるが）暮らしていた城と、観光客を集める今の城の外観は全く別ものということになる。

クロンボー城は、エアスン海峡《かいきょう》を挟《はさ》んでわずか四キロ先のヘルシンボリと対峙《たいじ》している。そこは現在スウェーデンだが、当時はデンマーク領だった。そのためデンマーク王はこの海峡を渡る全船舶《せんぱく》に通行税を課し、支払いを拒否する船は撃沈すると脅《おど》した（他国には悪評ふんぷんのこの税は四世紀以上も続き、デンマークの国庫を潤《うるお》し続ける）。収税強化のため、十七世紀末にフレゼリク三世が城に大規模な稜堡《りょうほ》をめぐらせ、最新式の大砲を海へ向けてずらりと並べた。それとともに王族がここに住むことはなくなり、居城としては見捨てられてしまう。廃位された王妃が幽閉《ゆうへい》されるにふさわしい場となったのだ。

こうして一七七二年、カロリーネ・マティルデ（＝キャロライン・マチルダ）がクロンボー城の囚《とら》われ人としてやって来る。フレゼリク五世の息子クリスチャン七世の妃《きさき》だった彼女は、初めての、そしてただ一度の燃えるような恋によって、王冠も子も恋人も何もかもを失っていた。敵意をあらわにする兵士らに囲まれ、恥辱《ちじょく》にまみれていたその同じころ、フランスの華やかな宮廷では、結婚二年目のマリー・アントワネットが軽やかにダンスのステップを踏んでいた。ふたりは同時代人なのだ。

カロリーネ・マティルデの曽祖母《そうそぼ》は——何の因果か——あのゾフィア・ドロテア。偏《へん》

カロリーネ・マティルデのきょうだいと母

執的《しってき》でサイコパスめいた夫ジョージ一世に憎まれ、離婚も認められず、騙《だま》し討《う》ちのようにして捕らえられ、不当にも三十二年という気の遠くなるほどの年月、幽閉され続けた王妃だ（『残酷な王と悲しみの王妃』参照）。可愛《かわい》い盛りの二人の子ども（長男は後のジョージ二世）とは、引《ひ》き裂《さ》かれたきり死ぬまで二度と会えなかった。

同じように幼い長男と生まれて間もない長女を持つ二十歳のカロリーネ・マティルデは、寒々とした城内で冬の海の荒れ狂う濤声《とうせい》を聞きながら、どんなにか恐怖に怯《おび》えたことだろう。もとよりゾフィア・ドロテアの悲運はよく知っている。自分もまた彼女と同じ道を辿《たど》らされるのか……。

カロリーネ・マティルデは、ジョージ二世の長男フレデリック・ルイスの末子として生まれた。誕生の四ヶ月前に王太子である父が病死していたのだが、姉たちと同じプリンセスの称号を与えられる。兄姉は八人もいて、長兄（父の死後に王太子、祖父の死後にジョージ三世）とは十三歳も歳《とし》が離れている。母はこの王太子を、これまでの「君臨すれども統治せず」とは違うドイツ風の「強い王」、即《すなわ》ち積極的に政治に介入する絶対君主に仕立て上げるべく、うるさいほど干渉《かんしょう》しはじめた。必然的に他の子どもたちには目がゆき届かなくなる。

カロリーネ・マティルデは、宮廷ではなくロンドン郊外キュー村で養育された。かなり自由な生活だったらしく、自然に親しみ、乗馬を大の得意とする一方、読書好きで、啓蒙《けいもう》思想家ヴォルテールの著作も夢中で読んだ。もちろん王女にふさわしい教育も施され、英独仏伊語の他、デンマーク語も読み書きできた。歌が上手で美声、チェンバロも巧《たく》みに弾いたという。ゾフィア・ドロテアのような絶世の美女ではなかったが、ドイツ人らしい金髪碧眼《へきがん》（イギリス王室ハノーヴァー家は初代からずっとドイツ系）の、知的な少女に成長する。

縁談がもちあがったのは、十代半ば。すでに祖父ジョージ二世も父も亡くなり、兄がジョージ三世として戴冠《たいかん》していた。この時カロリーネ・マティルデには、二歳上の未婚の姉がいたが、順番は問題にならなかった。なぜなら姉は病気がちで、結婚には耐えられないのが明らかだったからだ（事実十八歳で亡くなる）。すでにその上の姉も十九歳で、兄も十五歳で死去していた。彼らは皆、家系の持病ポルフィリン症を患《わずら》っていた可能性がある。

血液中の赤血球に異常をきたすこの珍しい病気は遺伝性で、ジョージ三世が罹患《りかん》していたことは現在では定説となっている。正確には周期的に起こる「急性ポルフィリン症」。ジョージ一世と二世が保因者で、三世とその兄弟姉妹《きょうだい》、及び三世の子どもらに発症した。症状はさまざまで、軽い場合は腹痛や頭痛、嘔吐感《おうとかん》、光過敏などだが、重篤《じゅうとく》になると激しい下痢、不眠や幻覚、鬱《うつ》、錯乱、呼吸困難から死に至ることもある病だ。

日光を嫌い、顔面蒼白となり、時に犬歯が発達しすぎるなどの特徴、及びニンニクの摂取《しゅ》がポルフィリンを増幅させることから、ヴァンパイア伝説の起源ではないかとの説もある。

ジョージ三世の最初の発病は二十六歳、賢王の突然の惑乱《わくらん》に周囲は慌《あわ》てふためいたが、この時は短期でしかも軽かった。だが中年以降に再発をくり返し、次第に重くなり、ついには政務不能に陥《おちい》る。当時はまだポルフィリンの存在も知られていなかったから、全て心理的なもの、見る人によっては一種の悪魔憑《つ》きとされ、わけもわからぬ宮廷医たちの手で、王は拷問《ごうもん》と見まごう荒療治《あらりょうじ》(ベッドに縛《しば》り付けられて瀉血《しゃけつ》や鞭打《むちう》ちなど)を施されたらしい。

妹のカロリーネ・マティルデも保因者ではあったろう。だが発症したかどうかの確証はない。結婚してから時々身体の不調を訴えていた原因がそれなのか、あるいは日々のストレス——何しろ相当なものだった——によるのかは、今となっては見分けがつかない。いずれにせよ、結婚を決めた瞬間に、運命の歯車は若死にへと廻《まわ》りだした。

王子が複数の言語を学ぶのは、いつなんどきどこの国の君主になるやもしれぬ(新領土獲得も含め)からだし、王女が複数の言語を学ぶのは、どこの国の妃になっても困らないためである。もちろん学んだからといって誰もがそれら言語をあやつれるようにな

ジョージ三世

ると は限らず、カロリーネ・マティルデが全てを習得できたのは、知力に秀《ひい》でていたのとそれ以上に生来の努力家ゆえであろう。彼女は生真面目《きまじめ》で、何事にも真剣に取り組んだ。それが一生を貫く大きな特徴だった。

カロリーネ・マティルデの言語学習にデンマーク語が入っていたのには、もちろん理由がある。父フレデリック・ルイスの妹、つまり叔母《おば》にあたるルイーセ（一五八ページ）が、フレゼリク五世に嫁《とつ》いだことでデンマークと縁戚《えんせき》関係ができていた。ルイーセ本人は早くに病死したものの、王妃の務めを果たして王太子を遺《のこ》している。カロリーネ・マティルデにとっては従兄《いとこ》だ。どの王家も血筋を重要視して従兄妹《いとこ》婚を歓迎したことは、これまでもいやというほど見てきたとおりであり、イギリス王室は彼女がデンマークに嫁ぐ可能性を早くから考慮《こうりょ》していた。

真っ先に打診してきたのは、デンマークの国務大臣だった。フレゼリク五世は数年前、足に怪我《けが》したのがもとで体調を崩《くず》し、先は長くないと思われていた。若い王太子クリスチャンが王位に就《つ》く前に、イギリスとの絆《きずな》を確かなものにしておきたいというのがデンマーク側の思惑《おもわく》だ。クリスチャンはカロリーネ・マティルデより二歳上で、年齢的にも釣《つ》り合う。しかしジョージ三世は妹の婚姻をしばらく躊躇《ためら》った。クリスチャンの精神状態について知っていたわけではなく、二人がまだ若すぎるのを心配したのだ。ここでまた歴史の「if」だが、ジョージ三世があと数年返答を先延ばしにしたなら、デンマーク政府が必死に隠していた新王クリスチャン七世の行状《ぎょうじょう》は嫌でも耳に入ってきたはずなので、妹には別の相手を選んだだろう。だがジョージ三世は相手に急《せ》かされ、結局は承諾《しょうだく》する。妹は兄王の決定に否《いな》やはなかった。

カロリーネ・マティルデは、叔母ルイーセに会ったことはない。自分が生まれた同じその年、六人目の子を出産中に命を落としたからだ。しかしルイーセが夫である王に政治的影響力を及ぼし、デンマークの学問芸術を促進させた功績により、亡くなった今もなお国民に敬愛されていることは幾度《いくど》も聞かされてきた。そんな素晴らしい叔母が産んだ王太子に嫁ぐ自分はなんと幸せ者か。デンマークから贈られたクリスチャンの小型肖像画にも感じの良い好青年が描かれており、政略結婚とはいいながら大きな期待をせずにいられない。

一七六六年初頭、フレゼリク五世は逝去《せいきょ》し、十七歳の誕生日を目前にしたクリスチャン七世が玉座に就いた。これで十五歳の花嫁は王太子妃ではなく、王妃として輿入れすることになる。カロリーネ・マティルデは船と馬車を乗りつぎ、何日もかかる長旅に出立《しゅったつ》した。北欧の美しい夏が疲れを吹き飛ばしてくれた。荷物にはお気に入りの書物をたくさん積み込み、心には新世界での計画をあれこれ積み込んでいた。彼女には小さな野心があった、第二のルイーセ妃になるという野心が。そして優等生らしく、努力は実ると信じていた。まだ見ぬ夫を愛せるはずだし、愛されるはずだと信じていた。

母となる

当時デンマークは西インド諸島などに植民地を築き、海上帝国として独自の交易圏を拡《ひろ》げて繁栄《はんえい》していた。とはいえすでに産業革命に突入していたイギリスとは、国力の点でも人口においても比べものにならない。その差は首都の建築群や賑《にぎ》わいに顕著《けんちょ》に見られた。

カロリーネ・マティルデの兄ジョージ三世が、ロンドンのバッキンガム宮殿を大規模に拡張し続けているのに対し、コペンハーゲンのクリスチャンスボー宮殿はロココ様式のこぢんまりした建物にすぎず、敷地も狭い。この城は市内でもっとも古い歴史を持ち、十五世紀前半から王家の人々が住まう居城として使われてきた(カロリーネ・マティルデの死後、何かの呪《のろ》いのように炎上して、王城はアマリエンボー宮殿へ移される)。

また同時代のイギリス人作家サミュエル・ジョンソンが、「ロンドンに飽きた者は人生に飽きた者だ。ロンドンには人生が与えうる全てがあるのだから」と書いたように、猥雑《わいざつ》で底無し沼のごときロンドンには、あらゆる階層のあらゆる幸不幸が詰まり、過剰《かじょう》なまでに刺激的だった。一方、歩いて半日で廻れるほど狭いコペンハーゲンは——王侯貴族の富といっても贅《ぜい》を極めるほどではなく、新興勢力の層もまだ薄いため——平坦な国土そのままに、ただ貧しさと退屈さが展《ひろ》がっていた。

だがデンマーク王国には大いに誇れる点があった。半世紀以上も戦禍《せんか》にまみれていないことだ。外交努力によって平和が維持《いじ》されてきたのだ。オーストリア継承戦争にも七年戦争にもスウェーデン・ロシア戦争にも、巻き込まれておかしくない状況だったにもかかわらず、辣腕《らつわん》の外務大臣ベルンストルフの奮闘もあって中立が守られ、社会の安定が保たれてきた。

異国から嫁ぐ王女の身には、宮廷に華やかさが欠けていたとしても、そうした国は何よりありがたい。平穏《へいおん》な生活が約束されているかに思える。必ずしもそうではないのは、だが足を踏み入れるまでわからない……。

「仲人口《なこうどぐち》」という言葉は、あてにならない話の譬《たと》えとして使われる。縁談をまとめようとする仲人は、都合の悪いことに口をつぐむからだ。カロリーネ・マティルデをぜひにと申し込んできたデンマーク側は、両国の関係維持ばかりでなく、賢いと評判のこの少女によって、問題児たる王が少しでも立ち直ってくれることをも密《ひそ》かに期待したのだった。

けれど彼女はたった十五歳。しかも根が真面目な、いわば学級委員タイプであり、読書を通じて頭ではわかったつもりでも現実の人間心理には疎《うと》い。そもそも何の軋轢《あつれき》も経験せずに、これまで生きてきた。夫となる従兄と初めて顔を合わせた時のショックたるや、いかばかりであったろう。

クリスチャン七世は尋常《じんじょう》ではなかった。病名に関しては、今なお定説はない。統合失調症説が有力だが、その言動からアスペルガー症候群（発達障害の一つ）だとする新説にも説得力がある。いずれにせよ当時はどちらにも医学的名称が無く、名の無いものは研究しようもないので治療の道も探られず、周囲はただ困惑し、隠蔽《いんぺい》に大わらわになるばかりだった。

なににせよ、若い王は知的能力が低いわけではなく、精神が安定している時にはシェークスピアを愛し芝居を愛し、陽気な一面を見せもした（意外にも終生、国民人気は高かった）。後に侍医《じい》ストルーエンセに心を開き、症状がかなり改善されたところを見ると、周囲の気配りがもっと必要だったのかもしれない。しかし実母（カロリーネ・マティルデの叔母ルイーセ）を二歳で亡くして以降、親身に思いやってくれる人間がいなくなり、厳しいばかりの教育係に抑えつけられるようにして躾《しつ》けられたし、父王フレゼリク五世もルイーセ妃の死後一年もたたぬうちに再婚、新たな男児をもうけたため、手のかかるクリスチャンには関心を失ってしまった。そして二度目の母が冷淡なのは、ある意味、当然であったろう。

夫となる王の深刻な症状について、全く何も知らされていなかったカロリーネ・マティルデは、突如として気分を変える彼の突拍子のなさ、誰彼かまわず手ひどく傷つける言葉の暴力にショックを受け、無表情を取《と》り繕《つくろ》っても幻滅は隠せなかった。彼女としては無理もない事態だが、自分のことを棚に上げて繊細なところのあるクリスチャンもまた、新しい妃の嫌悪《けんお》を敏感に感じ取り、自尊心を傷つけられた。

互いを思いやるには二人とも若すぎ、経験が足りなすぎたとしか言いようがない。それは夜の営みにも黒い影を落とす。クリスチャンは早い時期から町の娼館《しょうかん》へ通いつめ、年上の娼婦を愛人にして、たびたび彼女を宮廷へも引き入れていた。いわば玄人《くろうと》の手ほどきでベッドの中のあれこれを学んだわけで（そんな王が多いので、どの国の王妃も苦労した）、同じやり方をカロリーネ・マティルデにも求めた。彼女が怖気《おぞけ》をふるうと、逆に腹を立てるという悪循環だ。

カロリーネ・マティルデには地獄だった。クリスチャンは我儘《わがまま》な幼児そのままに、妻を攻撃し始める。自分が毛嫌いされているのだから、それ以上に嫌ってやるといわんばかり、重臣や召使《めしつかい》を前に、妃を愛せないのでベッドインは苦痛だ、と公言して憚《はばか》らないばかりか、伝統行事たる新王の国内巡幸に彼女を連れてゆくのを拒《こば》んだ。広い世界を見たい、旅行したいという彼女の気持ちを知っているがゆえの嫌がらせであり、徹底した辱《はずかし》めである。これは宮廷雀《すずめ》の格好の話題となったから、脆弱《ぜいじゃく》な精神の女性なら心が折れるところだ。味方もいなかった。重臣らは勝手な期待をかけ、それに応《こた》えられない彼女を軽んじた。

クリスチャンには苛立《いらだ》たしいことだったろうが、カロリーネ・マティルデはくじけなかった。ヒステリーも起こさず、泣きもせず、怒りも見せず、頑張り屋の底力《そこぢから》を発揮して周囲の好奇の目をやり過ごす。彼女は決めたのだ、やらねばならぬことを絶対にやり遂げてみせると。

恥を忍び、唇を血の滲《にじ》むまで噛《か》み、彼女はクリスチャンをベッドへ招き続けた。跡継ぎを産まねばならない。跡継ぎの王太子を産むことだけが、地獄を生き延びる術《すべ》だと彼女は知っていた。いや、思い知らされていた。

やがて明らかになってきたのだが、宮廷の抱える問題はまだ他にもあった。デンマークの絶対王政は、成り立ちが他国と少し異なっている。十七世紀後半にデンマークがスウェーデン軍に包囲された時、王とともに戦ったのは市民が主で、ほとんどのデンマーク貴族が協力しなかった。以来、デンマーク貴族は政治の中枢《ちゅうすう》から追いやられ、もっぱらドイツ人ユンカー（ドイツ東部の地主貴族）が王を補佐するという形が定着した。それもあって歴代王妃もたいていはドイツ系である（カロリーネ・マティルデもイギリス王女だが家系はドイツ系）。そのため宮廷で話されるのは主にドイツ語、次いで当時の宮廷用語フランス語、そして召使などによるデンマーク語であった。後に

クリスチャン七世

クリスチャンスボー宮殿での結婚式のダンス

宮廷入りしたドイツ人侍医ストルーエンセが、デンマーク語を解さなくとも支障はなかったのだ。

先述したように、政治は危なげなく廻っていた。辣腕の外務大臣ベルンストルフ（彼もまた生粋《きっすい》のドイツ人）が、前王の代からずっと国政を担《にな》っている。クリスチャン七世が玉座に就くと、ベルンストルフは新王を政治に無関心でなお且《か》つその能力も皆無《かいむ》、と早々と結論づけ、宮廷官僚たちとの合議によって——ほとんど王の頭越しに——全ての政策を決めるようになる。啓蒙主義という新時代の変革などは議題にもあげられず、昨日に変わらぬ今日が続き、このままでは明日も同じであろう。クリスチャンは差し出される書類にサインするだけの署名マシーンと化してしまう。決して愚《おろ》かではないだけに、また王としての誇りが強いだけに、心の底に不満のマグマを溜《た》めていたのは想像に難《かた》くない。

もう一つは家族問題だ。

クリスチャンの父フレゼリク五世は、前妃ルイーセ亡き後すぐ再婚した。相手はドイツの公女ユリアーネ・マリーエ（姉はプロイセンのフリードリヒ大王妃）で、ルイーセやカロリーネ・マティルデに比べれば実家の格はかなり劣《おと》る。だがユリアーネはクリスチャンの異母弟となるフレゼリクを産んだことで、王位継承順位第二位の子の母として宮廷に隠然《いんぜん》たる勢力を形成していた。なかなかの野心家だったので、無能なクリスチャンを廃して自分の息子フレゼリクを王位に上らせたいと思っていたが、もちろんそれはおくびにも出さない。

クリスチャンはある程度察していたらしい。子ども時代に優しくされた覚えもなかったので、王冠を被《かぶ》るやいなや、義母や異母弟など家族とは見なさぬとばかり、あからさまに冷たい態度を取った。その意味では夫であり父であるフレゼリク五世亡き後の母子は、後《うし》ろ盾《だて》を失った居候《いそうろう》のごとき立場へ転落したと言える。ましてクリスチャンが結婚したとなれば、いっそう宮廷での肩身は狭い。小さくなって暮らしてはいるが、実際には支持者は少なくなかった。そしてその数は、王と妃の不仲が明らかになるにしたがって多くなるようだった。

王太子が生まれなければ次の王はユリアーネの息子だ。今からご機嫌《きげん》伺《うかが》いをしておくにこしたことはない、という次第。

恐るべき敵となる陰謀家《いんぼうか》ユリアーネと若い王妃――この時点で勝ったのは後者だった。カロリーネ・マティルデは結婚まもなく、十六歳と半年目にして、あっぱれ、男児を産む。その子は祖父の名にちなみ、また祖父と父を継いで王となるべくフレゼリクと名付けられた。同じ名を持つユリアーネの息子を叩《たた》き潰《つぶ》すかのように。

クリスチャンの喜びも大きかった。そして妻に対する見方も少し変えたようだ。彼は自分に王太子を与えてくれたカロリーネ・マティルデに、身勝手といえば身勝手な親しみを覚え、子どもをもっと作るため、今までどおり妻の寝室へ入ろうとする。そして拒まれる。にべもなく拒まれる。

カロリーネ・マティルデにしてみれば、我慢に我慢を重ねてきたのだから、二度ともうクリスチャンに触れられるのは御免《ごめん》であった。王太子を産んで王妃の務めは果たした。夫は娼館へ行けばよい、自分は煩《わずら》わされずに残りの人生を過ごしたい。できるなら王太子が戴冠するまで、母子で別の場所で暮らしてもよいくらいだ。

別の場所へ行くのは、だがクリスチャンのほうだった。彼は王太子の誕生と妻の拒否に、感情がついてゆけなくなる。錯乱は見るも無残なものとなり、大臣らは各国の大使の目から王を隠す必要に迫られた。外遊の名目で国外へ追いやったのだ。クリスチャンは少数の侍従《じじゅう》を連れ、否、むしろ侍従に引きずられ、旅立った。長旅になりそうだった。

カロリーネ・マティルデは心の底からほっとする。ようやく安らぎの時が訪れたのだ。結婚して以来、一瞬たりと味わえなかった幸せを手にし、王がもう二度と帰国しなければいいとさえ思うのだった。

恋に落ちる

一七六九年一月。丸一年に及ぶ旅を終えたクリスチャン七世が帰国した。

長い国王不在の間、カロリーネ・マティルデは息子を慈《いつく》しみ、読書に耽《ふけ》り、乗馬を楽しみ、チェンバロを心ゆくまで奏でて、結婚以来初めてといっていいほど心のびやかに日を送ってきた。王太子を産んで名実ともに宮廷女性のトップに立ったのも自信となり、少女はようやく大人になりつつあった。

そこへ夢魔《むま》のごとき夫の再登場だ。ようやくほころびかけた花びらも、また固く臆病にその身を縮めるしかない。カロリーネ・マティルデは、上機嫌な、そのくせ狼藉者《ろうぜきもの》の侵入を思わせる勢いで宮殿へ飛び込んできた夫を、強張《こわば》った表情で出迎えた。クリスチャンのほうも、そんな妃にうんざりしたであろう。もとより離れていて彼女を懐《なつ》かしんだことはない。今こうして久々に顔を見合わせ、一方は愚かしく情けなく王の権威の欠片《かけら》すらない男と改めて確認し、他方は陰気で利口ぶるばかりの退屈な女と改めて確認する。嫌悪感は互いの心に照り返し、強まるばかりであった。

クリスチャンは外遊中に新しく雇ったという、医師ストルーエンセ（一八一ページ）を伴っていた。かつての極端な発作がだいぶ落ち着いたのは、このドイツ人のおかげという噂《うわさ》は聞いていたものの、カロリーネ・マティルデが抱いた第一印象は決して良いものではなかった。平民の、しかも単なる町医者が、宮廷へ入り込むため策を弄《ろう》して王を騙した、という周囲の先入観に影響されたせいもあるし、鷲鼻《わしばな》と鋭い視線を持つ彼が、どことなく危険な香りを漂わせていたからかもしれない。彼女より十四歳年上のストルーエンセは、この時三十一歳。まだ妻帯していなかった。

プロイセン王国ハレ生まれのヨハン・フリードリヒ・ストルーエンセは、神学者にして大学教授の父を持ち、子ども時代から頭脳明晰《めいせき》で知られた。十五歳でハレ大学入学、十九歳で早くも医学博士号を取得している。『肉体の誤った動きが惹《ひ》き起こす健康障害』という博士論文にも持論を展開しているが、人間に備わる治癒《ちゆ》能力を医学はサポートすべきと考えていた。卒業後はベルリンやゲッティンゲンでも勉強し、二十一歳でアルトナ(現ハンブルクの一部)の保健所に雇われた。貧民のための医者として、ここで自らの理論を実証せんと奮闘《ふんとう》する。

ないがしろにされがちな衛生管理を徹底し、孤児院の赤子用ベッドを共用から個人専用へ変え、病院で死者が着ていた衣服は再使用禁止とし、新鮮な空気を病室へ入れ、天然痘《てんねんとう》予防の種痘《しゆとう》を行い、むやみな瀉血《しやけつ》を止めた。こうしたことは当時「正当な医療行為」とは見なされず、大きな効果を上げたにもかかわらず、ストルーエンセの味方はきわめて少なかった(何しろナイチンゲールの百年も前だ)。彼はそれにもめげず、さまざまな治療改革について——貧民の病気は無知と不衛生からきている、エトセトラ——医学誌に論文を投稿し続けたが、時の権威に発表を禁止される憂《う》き目《め》にもあった。

そうした過程を経てストルーエンセは、次第にヴォルテールやルソーの啓蒙思想に強く傾倒してゆく。人々の幸福のためには、伝統という名の迷信や権威主義を乗り越え、理性による科学的合理的な認識に立たねばならないし、階級差による極端な貧富の差も無くすべきだと考えたのだ。もちろん時代の制約もあり、王政を否定していたわけではない。むしろ王政によってそうした啓発ができると信じていた（後年、私腹を肥やす大貴族たちの権利制限を国王の名のもとに実現しようとしたのはその流れである）。アルトナでは十年にわたって活動し、名声の高まりとともに地元の貴族社会にも受け入れられた。

そうした交流相手の一人に、同世代のイーネヴォルト・フォン・ブラント伯爵がいた。彼はデンマーク宮廷の法律顧問だったが政敵に敗れて追放され、何とか戻る道はないか探っていたところ、たまたまクリスチャン七世が近くに滞在中と知り、ストルーエンセを利用することを思いつく。ストルーエンセは風貌《ふうぼう》も立ち居振る舞いも貴族的だし、教養も知性も医者としての腕も申し分ない。誰もが持て余す王の症状を軽減させれば侍医として雇われる可能性もあり、そうなった暁《あかつき》には自分の宮廷再雇用に力を貸してもらえるだろう（希望どおり、これは後に実現した）。

ストルーエンセはブラントの話に乗り、デンマーク国王の診察を承知する。すでにして壮大な野望を抱いていたからと評す向きもあるが、身分的にもそこまでは考えられなかったはずだ。ただ、これまで長く貧民相手に働いてきて、今度は別の世界で力を試したいと思ったのかもしれない。いずれにせよ、クリスチャン七世に気に入られるかどうかに、全てはかかっていた。

こうして若い王と医者は対面したのだが、周囲には奇跡が起きたと感じられただろう。興奮して手のつけられない暴れ馬が、上手の乗り手に手綱《たづな》を握られてふっとおとなしくなるように、クリスチャンはストルーエンセにたちまち宥《なだ》められ、心を預けた。その後の関係から見て、ストルーエンセは優れたセラピストでもあったようだ。彼はクリスチャンが決して愚かではないこと、制御《せいぎょ》できない言動に本人なりに苦しんでいることを見抜いた。根気よく話に耳を傾け、できる限り感情を共有し、行動も共にした。押さえつけようとはせず、さりとて何でも好き勝手にはさせなかった。放任は見捨てるのと同義で、それこそがクリスチャンの恐れていたことに違いないからだ。ぎりぎりの瀬戸際まで自由にさせ、それ以上は断固として止めた。

ストルーエンセは、王の病が完治する種類ではないとわかっていただろう。だが同時に、自分が傍《そば》にいる限りもう激しい発作は起きないと確信した。クリスチャンも同じだ。冷静で、しかし心優しいこのドイツ人の不思議な力により、波立つ心が鎮《しず》まってゆくのを感じた王は、直《ただ》ちにストルーエンセを侍医に任命し、片時も離すまいとフランスやイギリス周遊へも同行させた。デンマーク宮廷へは晴れ晴れとした気分でもどったのだっ

16歳のカロリーネ（右）と姉

ストルーエンセ

た。

かつて太陽王ルイ十四世の孫がスペイン・ブルボン家の新たな当主フェリペ五世となり、慣れぬ異国で神経を痛めつけられた時、心を安定させるため雇ったのがヨーロッパ一の人気カストラート、ファリネッリだった。天上的なその歌声を毎晩聴くことで、フェリペ五世の正気は辛《かろ》うじて保たれた（一一〇ページ参照）。

クリスチャン七世にとってのファリネッリが、まさしくストルーエンセであった。そればかりではない。ストルーエンセは癒《いや》しの歌声であり、また遊び仲間であり、兄であり父であり、生きるよすがであった。クリスチャンのその思いは終生変わらなかった。

カロリーネ・マティルデは最初そうしたことを全く知らず、ふたりを迎えた。彼女にとってクリスチャンは、多少良くなったところで愛せる相手にはなりえない。極端な馬鹿騒ぎこそ収まったものの、感情の起伏は人より大きいし、娼館通いは相変わらずだ。侍医ならそれをたしなめればいいのに、ストルーエンセはいっしょになって遊びまわっている。噂どおり、金目当てのいかがわしい男だと思う。

生来、陽気さに欠ける彼女には、クリスチャンのはしゃぎぶりを軽く受け流すのは無理で、不在中の静かで満ち足りた生活を覚えてしまったがゆえになおさら日々が重くのしかかり、まもなく鬱状態に陥ってしまう。クリスチャンとしては、寝室を共にせぬ王妃ではあっても、晩餐《ばんさん》や公式行事で毎度陰気な顔を見せられてはたまらない。宮廷医師団が何もできないのならと、王妃の診察もストルーエンセに命じた。

侍医は、見るからに不承不承《ふしょうぶしょう》のカロリーネ・マティルデを診察し、深刻な病気ではないと断言する。不幸な結婚生活と窮屈《きゅうくつ》な宮廷生活が悪影響を与えているのはすぐにわかった。不眠用の薬のみ処方し、気晴らしに好きな乗馬の回数を増やすよう勧めた。同時にクリスチャン七世に進言して、ドイツのホルシュタイン州（当時はデンマーク王がホルシュタイン公を兼任）にある夏の離宮への避暑を実現する。避暑へはクリスチャンもストルーエンセもいっしょだが、侍従や侍女たちの数は最小限度だし、王とは血のつながらない王太后ユリアーネ・マリーエは同行しない。たとえ一シーズンでも、王妃の元気づけにはなるはずだ。


ふたりが恋に落ちたのはいつのころからであったろう？

カロリーネ・マティルデは、わずか数度の診療で自分が理解され、共感され、口に出さずとも励まされるのを感じた。癒されてゆくのを感じた。しかしまだそれは恋ではない。

ストルーエンセは、王妃がめざとく書棚からルソーの本を見つけて貸してほしいと言うのに驚いた。検閲のあるデンマークでは禁じられているが、前から読みたかったのだという。読後の感想も意外で、啓蒙思想への共鳴を隠さなかった。想像した以上に聡明《そうめい》な女性だ。しかしまだそれは恋ではない。

夏の離宮での滞在は、王、王妃、王太子とストルーエンセの親密度をぐんと増した。カロリーネ・マティルデは、彼のクリスチャンへの接し方を見て、初めて王自身の抱えている悩みに気づく。驚愕《きょうがく》といっていいほどだった。ストルーエンセがクリスチャンと娼館へ通うのも、治療の一環だったのだ。自らの評判を落としてまでも医者としてやるべきことをしていたとは……。しかしまだそれは恋ではない。

ストルーエンセは、男装し愛馬を駆《か》る王妃の、いつもとは全く違う生き生きした姿に接し、驚いた。激しい運動に頰《ほお》は上気し、自然と一体になった表情はやわらかく、長く押し殺されていた情熱が全身からあふれ出ていた。彼女は魅力的だった。しかしまだそれは恋ではない。

カロリーネ・マティルデは、王太子が病弱なのは真綿《まわた》にくるむように育てているからと指摘された。言われるまま生活習慣を改め、規則正しく過ごさせると、幼児はわずかの間にぐんぐん元気になるのがわかった。自分や夫のようにだ。侍医は天が我が家族に与えた天使かもしれない。見つめられるとドギマギさせられる、魅力的な天使だ。しかしまだそれは恋ではない。

いや、それともすでにそれは恋であったろうか？

恋かもしれない。

そう胸の奥で何かが囁《ささや》いた時、ふたりは恐怖に震えあがったことだろう。決して報われない恋。不幸が目に見えている恋だ。

クリスチャン七世は全く何も気づいていなかった。彼はいよいよご機嫌であった。近頃は王妃も優しい。自分を軽蔑《けいべつ》するような目で見ることがなくなった。王太子は可愛い盛りだし、この子がいることで王朝をつなげる役目を立派に果たしたとの自負が持てる。

何よりそばにはストルーエンセがいる。彼にとっては、妻子よりもストルーエンセのほうがずっと大事な存在だった。侍医のそばにいるだけで、全てが満たされる。

夏が終わり、王一家をうやうやしく出迎えたデンマーク宮廷は、ストルーエンセの影響力をまざまざと知らされた。王は前にも増して長く落ち着いていられるようになり、王太子は健康になり、王妃は蛹《さなぎ》から脱皮した蝶《ちょう》のように美しくなっていた。

王太后ユリアーネ・マリーエは、女の鋭い直感で王妃と侍医の間に醸《かも》し出されるものに気づいた。クリスチャンを追い落とし、我が子に王冠をかぶせるのを夢みていた彼女は、この瞬間、その手がかりを摑《つか》んだのだ。まだ何も起こっていないにせよ、近いうち必ずそれは起こるだろう。

社会改革への夢

翌一七七〇年夏、コペンハーゲンを天然痘が襲う。宮廷の使用人も罹患したことから、不安は一挙に拡がった。

天然痘はウイルスによる重い感染症で、紀元前から奇病として怖れられていた（紀元前一一〇〇年代のエジプト王ラムセス五世のミイラに痘痕《とうこん》が見られる）。急激に発熱し、顔を中心に発疹《ほっしん》が拡がり、疼痛《とうつう》・嚥下《えんげ》困難・呼吸困難と続いて、致死率は二〇～五〇％という恐るべき高さだ。完治しても失明したり、ひどい痘痕が残って顔貌《かおかたち》が激変することもある（マリア・テレジアの五女はこのため結婚できず、修道院へ入った）。これまでに幾度も大流行がくり返され、この一七七〇年にもインドで三百万人の死者を数えることになる。

治療法はわからないながら、実は予防法はアラブやトルコでかなり早い時期から知られていた。いったん罹患して治ればもう二度と罹《かか》らない（免疫）という経験知から、小さな傷を作ってそこに膿疱《のうほう》から取り出したうみを擦《こす》りつけ、人工的に天然痘を発症させる。するとたいていは軽い症状で済む。問題は、数パーセントに重症者や死者が出ることだ。確率は低くても、健康なうちにそんな危険を冒《おか》す価値があるのかと、人々は躊躇った。ジェンナーによる、遥かに安全な牛痘《ぎゅうとう》種痘はまだ先だ（一七九六年）。

イギリスではジョージ二世妃キャロラインが、王太子妃時代に二人の娘に種痘している。勇気ある彼女も、だがさすがに王子には施せなかった。そのおよそ半世紀後の一七六八年、ロシアの女帝エカテリーナ二世（生粋のドイツ人）は自分と皇太子へ種痘した。フランスの宮廷人が種痘しはじめるのは、一七七四年にルイ十五世が天然痘で死去してからだ。これをきっかけにプロイセンのフリードリヒ大王も、宮廷だけでなく国中の医者に種痘技術を習得するよう命じることになる。

だが今はまだ一七七〇年。ルイ十五世も老いてなお元気だし、二年前のロシア情報は入ってきていたものの、デンマークもフランスと同じで、危険な予防法への恐怖の方が強かった。ストルーエンセはドイツで経験があったので、種痘導入委員会の一員となり、フレゼリク王太子への予防を王と王妃へ熱心に説いた。

王の一人息子であり、王位継承順位第一位の幼児である。一〇〇％確実なわけでもない種痘を勧め、万が一の事態になればどんな罰が待っているか、ストルーエンセにとっては、半ば命がけの提案だ。我が身が可愛ければ、むしろ放っておく方が気楽なのに、彼は王家に最良と信じる道を示した。大臣らの多くは態度を決めかね、責任を負わされるのを恐れて積極的な賛意は表さなかった。保守派は反対し、中でも種痘を真っ向から否定したのは、顧問官で神学者のグルベア。この牧師は教会を代弁し、種痘が「神の意思」への反逆であると主張して譲《ゆず》らなかった。

王宮に罹患者が出た以上、急いで施さねば手遅れになる。対立する意見をまとめている暇《ひま》などない。クリスチャン七世がパニックになりかけるのを、カロリーネ・マティルデが有無《うむ》を言わせぬ母の力で、「種痘させます」と宣言した。勇気をふりしぼっての一言だった。ストルーエンセに賭《か》けたのだ。つられるように王はうなずき、憤《いきどお》るグルベアを置き去りにして、人々はあわただしく動き出す。器具が並べられ、湯が運ばれ、二歳半のフレゼリクが連れて来られた。子どもは周囲の緊張に反応して泣き出したが、ストルーエンセのいつもの穏やかな態度にようよう落ち着き、言われるまま腕を差し出した。種痘自体はごく短く、そう痛くもない。危険もない。危険はこの後だ。

まもなく王太子は高熱を発した。天然痘の初期症状だ。ストルーエンセはつききりで看病し、隣室で若い父母は不安に胸を引き裂かれる思いで、一睡もせずひたすら祈って待った。長い夜が明け、ドアが開き、ストルーエンセの晴れやかな姿があらわれたときの喜びは如何《いか》ばかりであったろう。三人は顔を見合わせ、互いの表情に勝利の高揚感が混じっているのを認めた。強い連帯感が生まれる。古臭い伝統や宗教、抑圧的な老臣下たちに、新しい科学が、いや、若い自分たち三人が勝ったのだ。

王のストルーエンセに対する感謝と信頼は決定的となり、すぐさま彼を内閣事務官兼枢密顧問官《すうみつこもんかん》に昇進させた。閣議に出席し、発言もできるようにした。

ストルーエンセに政治的野心が芽生《めば》えたのは、この時点からだろう。政務に無関心な王はもうほとんど自分の言いなりだ。王妃はすでに熱い恋人で、なお且つ革命の同志だ。あとは実行あるのみ。

もちろんストルーエンセは王になろうとしたわけではない。私腹を肥やそうとしたのでもない。アルトナの貧民地区における町医者の経験、そしてデンマークの実情を知るにつれ、権力者側の恐るべき不正と踏みつけられる庶民の苦しみを何とかせねばと願うようになったのだ。その思いが純粋であればあるほど、逆に弱点になったのかもしれない。良いことをするのだから、種痘と同じように必ず皆にわかってもらえるとの楽観が、無意識裡《り》に働いていたともいえる。もとより政治的駆け引きは得意ではないし、宮廷的陰謀にも明るくなかった。

かつてデンマーク王家へ紹介の労を取ってくれたブラントとその友人ランツァウを、ストルーエンセは約束どおり宮廷へ呼び戻していた。彼らは宮廷に不慣れな新参者たるストルーエンセを補佐し、啓蒙主義という新思想を胸に抱くドイツ人仲間を集めてくれた（一七二ページで触れたように、デンマークの政治実務は主にドイツのユンカー出身者たちが担っていた）。こうしてカリスマ性のあるストルーエンセを中心に、時に王妃も加わって、どう現状を変えるべきか活発に議論し、知恵を絞った。

デンマークはイギリスの農業革命を知らず、人口の大半を占める農民は時代遅れの農法を強《し》いられていた。そのうえ「農民囲い込み法」という、自由な移動を禁じる法律により、ロシアの農奴制にも似た半奴隷《どれい》状態に置かれて、生殺与奪《せいさつよだつ》は領主の意のままだ。これでは生産性も上がらない。都市はといえば、ロンドンやパリの貧民区なみに不潔で、疫病《えきびょう》の温床になっている。この度の天然痘の流行は何とか最悪の事態になる前に食い止められたが、次の波が来た時のために、下水道整備も必要だし、市民への種痘も考えねばなるまい。そのためにかかる費用は、土地を所有している大貴族が負担すべきではないか。

デンマークをヨーロッパの理想国にしたい。クリスチャン七世に啓蒙君主としての名声を与えたい。それによってカロリーネ・マティルデにも幸せがもたらされよう。若い熱気は何事にも性急だった。ストルーエンセはクリスチャンの御守《おも》りをブラントにまかせ、独裁へと舵《かじ》を切る。枢密院を解散し、王と自分が国事を行う形にした。若死にする芸術家が、死神と競争して作品を次から次へ生み出すのにも似て、権力を手にしたストルーエンセは、一七七〇年から七二年にかけてのおよそ一年半の間に、千を超える命令書を矢継ぎ早に発令した。命令書には王がせっせと署名し、有効性を持たせた。

大貴族の権利制限と税負担増、拷問禁止、検閲廃止、捨て子のための養育院設立、軍隊の縮小、社会福祉用資金源としての富籤《とみくじ》、宮廷費削減、さらに保守派のベルンストルフやグルベアの解任……。

ストルーエンセは心底国民のためを思っていたが、しかしそれは軍と教会と宮廷を敵に回すことだった。彼の目指す啓蒙改革は、同時代の皇帝ヨーゼフ二世（マリー・アントワネットの兄）が試みて挫折《ざせつ》したのとほぼ同じ内容だ。早すぎる改革はハプスブルク家の正統な当主にさえ不可能だったのだから、どうして異国の、しかも平民の男に成し遂げ得たろう。ナポレオンなみの大軍隊がバックにあるならまだしも、ストルーエンセの支えは、精神的に脆弱な王と、政治的には無力な王妃だけだ。壮大な夢は、いずれ崩れる定めであった。


恋人と志を共にするほど幸せなことはない。カロリーネ・マティルデは、恋の輝きでいよいよ魅力を増していた。政務を終えて一段落のストルーエンセと、自室でチェスをする彼女の姿が後世の絵画に見られる（巻頭口絵参照）。

——ロココ時代らしく、皆フランスファッションに身を包み、髪粉《かみこ》をかけたグレイの鬘《かつら》をかぶっている。ソファにはクリスチャンがだらしなく寝そべり、飼っていた鸚鵡《おうむ》を剣で突《つつ》いてからかっている。若い王にしてみれば、妃は口うるさい姉、ストルーエンセは心服する父のようなものだった。そんな二人が激しい恋のさなかにあり、チェスをしながら今も互いに心を燃やしているなど想像もしていない。恋それ自体、彼にとっては一生無縁だったのだから。

この絵にはもうひとり登場人物がいる。常に王妃に付き従う侍女だ。彼女の視線はチェス盤やカロリーネ・マティルデではなく、じっとストルーエンセに注《そそ》がれる(画家は宮廷の視線をこの侍女に代弁させている)。ストルーエンセの目には王妃しか映らないため、自分が見られているのに全く気づかない……。

一挙手一投足を見張られているような狭い宮廷で、恋を秘すのは至難の業《わざ》だ。恋人たちは、たとえ相手を見つめなくとも神経はそこへ集中し、周りに気を配る余裕を失《な》くす。目を見交わしさえしなければ、隠しおおせたと思い込む。だが不自然に目をそらしたり、微妙にトーンが変わる声音《こわね》などで、秘密は自《おのず》から漏れ出てくる。それ以外にも、夜半こっそり訪れる部屋のドアの開閉音、廊下に潜《ひそ》む人影、聞き耳、寝乱れたベッド、シーツに残された本人以外の髪の毛と、少しずつ少しずつ彼らの関係は宮廷人の疑いを惹き起こしてゆく。

しかし、まだそれをクリスチャンに告げ口する者はいなかった。ある程度の確証を得ていた継母《けいぼ》ユリアーネ・マリーエでさえ口をつぐんでいた。ストルーエンセがこれほどにも王の愛顧《あいこ》を受けている今、余計なことを言えば逆効果になり、自分たちの方が追放される可能性もある。待てば海路の日和《ひより》が来よう。

ストルーエンセもカロリーネ・マティルデも、秘密は保たれていると信じ込んでいた。

そして最大の危機に直面する。妊娠だ。王太子を身ごもって以来、王と王妃がベッドを共にしていないのを知らぬ者はなく、こればかりはどんな言い訳も通じない。

恋人たちの間で、いかなる切羽詰《せっぱつ》まった会話が交わされたかはわからない。ただストルーエンセは医者なので、胎児《たいじ》を流す手段はいくらでもあった。なのにそれをしなかった。カロリーネ・マティルデは愛する人の子を産みたかったし、ストルーエンセも王族となる我が子が欲しかったのだろう。そうなると、だが取り繕う方法は一つしかない。ずっと拒んでいたクリスチャンを、王妃は自分のベッドへ迎え入れねばならない。

おそらく地獄のような葛藤《かっとう》があったに違いない。王と妃の間に何の愛情もないと知っていればこそ、ストルーエンセはクリスチャンへの後ろめたさを感じずにすんできた。我儘な子どものように愛することもできた。だが恋する女性のベッドへ入る男となれば、話は別だ。悪いのは自分のほうでも、クリスチャンへの嫉妬《しっと》は抑えがたい。それでもそれしか術はない。そうせねばならない。自分を信頼する王を騙し、なお狂おしく嫉妬し、それでもこの道しかない。クリスチャンに跡継ぎをもう一人つくった方がよい、と無表情を装って言い聞かす。

カロリーネ・マティルデの苦しみも壮絶《そうぜつ》であったろう。愛する人の子を無事産むため、愛していない夫と幾夜《いくよ》かを共にし、二人目の子ができましたと言わねばならない。クリスチャンが無邪気に寝室へやって来ただけに、そして前よりは彼の病を理解できるだけに、騙すのは心苦しい。しかも彼に触れられるのは怖気をふるう。これは不貞を働いた自分への神罰であろうか……。

しばらくして王妃の懐妊《かいにん》が発表され、国は沸《わ》き立った。出産まで、カロリーネ・マティルデは改革の仲間たちと距離を置き、ひたすらおなかの子第一に閉じこもる。クリスチャンはまたブラントらと町の娼館へ通う。ストルーエンセはまるで怒りをぶつけるかのように、新しい命令書を前にも増すスピードで作成した。

一七七一年七月、王女ルイーセ・アウグスタ誕生。恋人たちの辛《つら》い夜は終わり、恋は再燃する。王女は成長すると、面差《おもざ》しがどこかストルーエンセに似てくるが、赤子の今はまだ何の特徴もあらわれてはいない。クリスチャンは女児を得て満足そうだった。

このころから、反ストルーエンセ派の動きが活発になる。王太后ユリアーネ・マリーエと神学者グルベアが軍司令部を抱き込み、ストルーエンセ追い落としにかかるのだ。侍医と王妃の密通が、どぎつい表現で新聞雑誌に載り始める。無能な王がからかわれ、ドイツ人侍医はデンマークを混乱させる元凶と描かれ、王妃は淫乱《いんらん》そのものに扱われる。検閲の廃止が裏目に出て、スキャンダルは国中を揺るがした。ストルーエンセはやむなく一時的に検閲を再開せざるを得なかった。

だが王太后らの大いなる読み違えは、クリスチャン七世の反応だった。噂が彼の耳に入ると、手近なものを壊すなど大暴れしたのは確かめられたが、いつまでもそれ以上の

カロリーネの娘ルイーセ・アウグスタ

ストルーエンセの逮捕

行動を取らない。王女の認知を取り消し、ストルーエンセを国外追放するかと思いきや、いつの間にかまた穏やかさを取り戻している。敵方は知らなかったのだ。クリスチャンには、妃よりストルーエンセのほうが大事だということを。ストルーエンセがそばにいてくれることが肝心だ。正気を保つ糸なのだ。王妃と密通したくらいが何だろう。もとより政略結婚で愛はない。ストルーエンセとの関係は愛を超越していた。

ここに恋人たちの運命は定まった。もしこの時ストルーエンセが宮廷から追放されていたら、また仮に逮捕されたとしても、命までもは取られなかったろう。王にとって替えのきかない庇護者《ひごしや》だったことが、結局はストルーエンセを死に追いやり、王妃をも悲劇へと導くことになる。

追いつめられて

王太后ユリアーネ・マリーエと神学者グルベアを核とした守旧派は、したたかな策士《さくし》の集まりだった。もとより王太后は実子を玉座に就けたいのだし、グルベアもかつてこの子の教育官だったから思いは同じだ。クリスチャン七世がストルーエンセに従順であるなら、切り離して圧力をかければいいだけのこと。油断している時をみすまし、一挙に片をつけてしまおう!

一七七二年一月十七日未明四時。前夜からの華やかな宮廷仮面舞踏会の余韻《よいん》のまま、ぐっすり眠り込んでいたストルーエンセの寝室へ、武装した兵士らがなだれ込む。グルベアが突きつけたのは、ストルーエンセの金庫から持ち出したと称する、国家転覆の証拠書類だった。カロリーネ・マティルデと謀《はか》ってクリスチャン七世を追い落とし、王位簒奪《さんだつ》を狙った計画書という。ストルーエンセは弁明する暇《いとま》もなく、重罪人として素早《すばや》く手荒く縛り上げられ、監獄へ直行だった。

ストルーエンセは知らなかったが、このとき軍団は三手に分かれて同時に動いていた。二つ目の兵士群は、ストルーエンセの同志でありクリスチャンの御守り役ブラントの寝室も襲っていた。同じように暴力をふるいながら監獄へ連れ去る。

そして三つ目の軍団は――畏《おそ》れ多くも――王妃の部屋へまで押し入り、慇懃《いんぎん》に、だがやはり有無を言わせず急《せ》かしに急かして馬車へ押し込んだ。さすがに監獄へ入れるわけにはゆかない。馬を数時間も走らせ、クロンボー城（ハムレット城。一五九ページ参照）で降ろす。極寒の一月。日の出もまだで、ぎらつくランタンの局所的明かりでは城門が見えるばかり。間近に迫る荒海の烈々《れつれつ》たる濤声が、カロリーネ・マティルデを肉体的にもおびやかしたろう。まだ二十歳の若さなのだ。

グルベアは周到であった。クリスチャンを起こしに行ったのは、王妃たち三人を極秘裡に宮廷の外へ出した後だ。酔いつぶれていた王は、ベッドの周りを大人数の兵士が威圧するように取り巻いているのに肝を潰す。それを狙ったグルベアは、畳《たた》みかけるようにストルーエンセらの陰謀と逮捕を既成《きせい》事実として知らせ、クリスチャンをパニック状態に陥れて逮捕状への署名を強要した。

半狂乱で奇声を上げ続けるクリスチャンは、金箔《きんぱく》で飾り立てた宮廷馬車へ乗せられた。車中には王太后の一人息子であり、彼の腹違いの弟でもあるフレゼリク王子がすでに座っていた。薄笑いを浮かべていたかもしれない。朝まだきのコペンハーゲンを、馬車はただぐるぐると走り廻った。クリスチャンの悲劇的な叫び声は、市民たちの耳にはストルーエンセ逮捕の歓声と聞こえたであろう。王妃と侍医の関係はすでに周知の事実として国の噂になっており、王はストルーエンセを憎んでいると信じられていた。

こうして三人は分断され、別々の場所で偽《にせ》情報にさらされた。にもかかわらず三人が三人とも、これが王太后一派と軍によるクーデターだとすぐ悟った。王位を簒奪しようとしているのは彼らの方なのだ。クリスチャンが新しいお気に入りを見つけたわけでも、カロリーネ・マティルデが寝返ったわけでも、ストルーエンセが次なる野望を抱いたわけでもない。なぜもっと早く敵の動きに気づかなかったか、悔やまれる。王であり、王妃であり、実力者であることに慢心し、権力と富を削減された彼らの凄《すさ》まじい怒りと怨念《おんねん》を軽視してしまった。

それを、まさに身をもって知らされたのは、獄中のストルーエンセだ。尋問《じんもん》における拷問廃止令は、逮捕された時点でグルベアによって無効にされていた。おぞましく暗い拷問室で、ストルーエンセは来る日も来る日も朝から晩まで執拗《しつよう》に責められた。「王になろうとした」ことを白状するまで、たとえ途中で獄死しようとも、それは続けられるはずだった。

ストルーエンセは驚異的な精神力で耐えた。そうだ、と言った瞬間に、自分が殺されるだけではすまず、愛するカロリーネ・マティルデにまで累《るい》が及ぶ。それだけは絶対に避けたい。だが衰弱してゆく生身の肉体はついに心を裏切り、逮捕から四十日目の二月二十五日、拷問のさなかにとうとう国家転覆容疑を認めてしまう。グルベアらは快哉《かいさい》を叫んだ。

荒涼たる城の一室で、カロリーネ・マティルデがそれを聞かされたのは三月八日だった。あのストルーエンセが自白したというなら、それはどれほど惨《むご》たらしい拷問の末であろう。狂おしい思いにかられながら、彼女はクリスチャンに届くかどうかもわからぬ手紙を書いて、不貞を認めた。そうすることで、ストルーエンセとの関係は、他国の宮廷でもよくある只《ただ》のラブ・アフェアにすぎず、政治的なものではないと証明できると思った。不貞だけでストルーエンセを死刑にはできまい。なんとしても彼の命を救いたかった。生きる証《あかし》の恋であった。必死の命乞いであった。

一方、宮廷では、だがすでにクリスチャンは半幽閉状態に置かれていた。王太后ユリアーネ・マリーエの息子、十八歳のフレゼリク王子が摂政の座におさまっている。実のところ、この少々ぼんくらな王子もまた傀儡《かいらい》にすぎず、全権はユリアーネ・マリーエが握っていた。彼女はグルベアが代表する教会、そして軍と領主たちの権利と富を復活させ、ストルーエンセが進めてきた啓蒙主義的政策をことごとく覆《くつがえ》し、デンマークをもとの重苦しい国にもどしていく。総仕上げが、カロリーネ・マティルデの廃位と憎《にく》いストルーエンセの処刑だ。

これは簡単なようで、また少し手こずった。なぜなら精神的にもっとも脆弱なはずのクリスチャンが、ストルーエンセとブラントの死刑執行書にサインするのだけは拒み通すからだ。王妃と不貞をはたらき、国家転覆を目論《もくろ》んだと自白しているのだからと説得されても、なおクリスチャンは署名を迫られると暴れだした。そこでグルベアたちは再び奸計《かんけい》をめぐらし、王にこう約束する。処刑は見せかけです、大罪を犯したストルーエンセに対する市民感情を宥めるため、政府としては首を斬るという判決を下さねばならない。しかし処刑直前、王の恩赦《おんしゃ》によって命だけは助かるという筋立てにするのです、と。

単純なクリスチャンはこれを信じた。再びストルーエンセに会えるのを楽しみにし、機嫌もたちまち良くなる。こうして公開処刑は四月二十八日と決定された。

いまだ残酷な時代ではある。とはいえ啓蒙主義という近代思想の影響により、すでに人権意識が芽生えだしていた。死刑執行人による斧《おの》や剣での失敗の多い斬首《ざんしゅ》への嫌悪感も、中・上流層の間には拡がっていた（後に採用されるギロチンは、苦痛を少なくするための人道目的だ）。

ストルーエンセの処刑が、当時のヨーロッパ先進国に激しい非難を巻き起こし、デンマークの評判を野蛮《やばん》国並みに落としたのは、暗黒の中世めいた残虐《ざんぎゃく》さを伴っていたせいだ。追剥《おいはぎ》や強盗殺人犯でもあるまいに、いやしくもつい三ヶ月前まで枢密院最高顧問官として国家の中枢で政務を執《と》り、その進歩的政策はヴォルテールからも讃《たた》えられたほどの人物に対し、復讐心《ふくしゅうしん》も露《あら》わな処刑がなぜ実行されたのかと、憤激されたのだ。

処刑当日、ストルーエンセとブラントは王から直前に恩赦のある旨《むね》伝えられ、監獄から処刑台への道は安堵感《あんどかん》漂うものだった。馬車に向かいあって座る二人は、顔にも身体にも拷問の傷跡がまだ生々しく、痩《や》せこけ蒼《あお》ざめてはいたが、ようやく自由になれる喜びから笑みもこぼれた。生きてさえいれば、巻き返しも可能だろう。

馬車が広場へ入ると、新たに組み立てられた処刑台がその高々とした姿を現した。寒風の中、周りを幾重《いくえ》にも見物人が取り巻いている。公開処刑は当時の数少ないエンターテインメントなのだ。貧しい彼らが少しでも生きやすくなるようにと、あれほど苦労して法案をいくつも通してきたのに、当の彼らは王家に泥を塗ったとしてストルーエンセの血と首を求めて待ちかねている。そこには何かしら不吉な予兆があった。恩赦があるにしては彼らの期待が強すぎるような、首斬り役人の数が多すぎるような、あるいは空が重苦しすぎるような……。

処刑台の階段を上りながら、ストルーエンセが何を思ったかはわからない。そして処刑がほんとうに実行されると知った瞬間、またも王太后派に嵌《は》められたと知った瞬間の、驚愕と絶望がどんなだったかも。

彼は盗人であるかのように、まず右手を切り落とされた。それから首置き台へかがまされ、斬首。死体はさらに凌辱《りょうじょく》される。四肢を切断され、高い棒に括《くく》りつけられたいくつもの車輪に、脚や胴体などに分けて盛られ、晒《さら》された。夥《おびただ》しい血が棒を伝い、広場を濡《ぬ》らす。三十四歳の無念の死であった。

処刑の報告は直ちにクリスチャンへもたらされた。王はこれまでで最大のパニック状態に陥り、その後もくり返し発作を起こし、二度と立ち直ることはなかった。半ば廃人として、半ば幽霊として、宮殿の一室でさらに三十余年を生きることになる（若年性認知症も発症したと推定する研究者もいる）。

カロリーネ・マティルデにも、数日遅れで知らせが届いた。彼女の受けた衝撃と悲痛は、かつて味わった歓喜の大きさに見合うものであったろう。彼女はこれより三週間ほ

ストルーエンセの処刑

処刑後に切り刻まれたストルーエンセ

ど前に王との離婚が成立、廃位されていた。二人の子とも引き離され、デンマークを去ることも決まっている。その上、恋人を永遠に失った。この国を少しでも良くしたいと願ったがゆえに。愛を知ったがゆえに……。

もしこの悲しみの王妃に、大国の王ジョージ三世という兄がいなければ、生涯をクロンボー城で飼い殺しにされていただろう。その意味では曽祖母ゾフィア・ドロテアと比べて、カロリーネ・マティルデはいささかなりとも幸運だった。彼女はイギリスと関係の深いハノーヴァー選帝侯領内にある、こぢんまりしたツェレ城で、かつての侍女らに囲まれて、一見穏やかに日々を送れるようになった。

だがあまりに強い悲しみと喪失感《そうしつかん》は人を殺す。ツェレ城で暮らして三年、病に倒れ、まだ二十三歳の短い命を終えた。突然の死だったため暗殺も噂されたが、猩紅熱《しょうこうねつ》だったらしい。病と闘う意欲を失っていたのは間違いない。

切なすぎる歴史の犠牲者たちの物語だ。ただし、いくらか慰《なぐさ》めとなる後日譚《ごじつたん》がある。

王太后ユリアーネ・マリーエと神学者グルベアは、ストルーエンセとは違い、何ら志があったわけではない。これまでの既得権益を取り戻し、贅沢《ぜいたく》に華やかに宮廷生活を送ることだけが望みだったので、そのとおりに過ごした。十二年間も。

その腐敗した政治を許し難く思い、かつてのストルーエンセ時代に共鳴する者たちが、クリスチャン七世の息子で王太子のフレゼリクを密かに支援し、ついに彼が十六歳の時、今度は上からのクーデターによって王太后派を追い落とした。そして父王の腹違いの弟フレゼリク（同じ名前なのがややこしい）から摂政職を奪い、クリスチャンの死後、フレゼリク六世として玉座に就いた。母カロリーネ・マティルデの没後三十三年になっていた。フランス革命も終わり、マリー・アントワネットも処刑され、ナポレオンがスペインに攻め込んだ一八〇八年のことである。

ストルーエンセとカロリーネ・マティルデが夢みた啓蒙主義的改革は、息子の代でようやくにして実現したのだった。遅すぎたのだろうか？　いや、むしろストルーエンセたちが早すぎた。それゆえの貴《たっと》い犠牲だった。

ストルーエンセの娘ルイーセ・アウグスタ王女は、クリスチャンの娘でないことが明らかになった後も――これに関する何らかの政治的取引があったはずだ――そのまま王の子として認知され、王太后の監視のもと、デンマーク宮廷で育てられた。半王族である彼女の結婚相手は、格下のアウグステンボー公となり、十四歳で嫁いでいる。

彼女の子孫はデンマークに残されなかったが、しかし五代目にあたる女子がスウェーデン王と結婚したため、現スウェーデン王カール十六世グスタフは、ストルーエンセの血筋を引いていることになる。

第一章　ルートヴィヒ二世年表

年号	満年齢	出来事
1845	0	8月25日、ニンフェンブルク城で誕生
1848	3	祖父ルートヴィヒ一世退位、父マクシミリアン二世即位
		弟オットー誕生
1864	19	マクシミリアン二世逝去、ルートヴィヒ二世として即位
		ヴァーグナーに接見
1866	21	プロイセンと戦争、降伏
1867	22	1月、バイエルン公マクシミリアンの娘ゾフィと婚約を発表、7月、パリ万博訪問、10月、婚約解消
1868	23	ルートヴィヒ一世逝去
1869	24	ノイシュヴァンシュタイン城定礎
1870	25	普仏戦争に参戦
1871	26	ドイツ帝国成立
1874	29	リンダーホーフ城定礎

第二章　アレクサンドル三世妃マリア（マリア・フョードロヴナ）年表

年号	満年齢	出来事
1847	0	11月26日、コペンハーゲンで誕生
1852	5	父、デンマーク王太子となる
1863	16	デンマーク王フレゼリク七世逝去、父、クリスチャン九世として即位
1864	17	ロシア皇太子ニコライ大公と婚約
1865	18	ニコライ皇太子、髄膜炎で逝去
1866	19	ニコライ皇太子の弟、アレクサンドル大公と結婚
1868	21	長男ニコライ誕生
1869	22	次男アレクサンドル誕生
1870	23	次男アレクサンドル、髄膜炎により逝去
1871	24	三男ゲオルギー誕生
1875	28	長女クセニア誕生

日本

年号	出来事
1853	ペリー来航
1854	日米和親条約締結
1858	日米修好通商条約締結
	安政の大獄
1860	桜田門外の変
1862	生麦事件
1863	薩英戦争
1864	池田屋事件
1866	薩長同盟成立
1867	大政奉還、江戸幕府滅亡
1868	9月8日、明治と改元

1878	33	ヘレンキームゼー城定礎
1886		6月12日、首相ルッツらがルートヴィヒ二世を逮捕、ベルク城に護送 翌13日、グッデン博士とともにシュタルンベルク湖畔で遺体が発見される (40歳で逝去)

1878	31	四男ミハイル誕生
1881	34	アレクサンドル二世逝去
1882	35	次女オリガ誕生
1883	36	夫がアレクサンドル三世として戴冠
1894	47	アレクサンドル三世逝去 長男がニコライ二世として即位、マリアは皇太后となる ニコライ二世、アレクサンドラと結婚
1904	57	日露戦争開戦
1905	58	血の日曜日事件
1914	67	サラエボ事件、第一次世界大戦勃発
1917	70	ロシア革命勃発、ロマノフ王朝崩壊 ニコライ二世退位 マリア、娘一家とともに亡命
1918	71	ニコライ二世、家族全員とともに銃殺
1928		10月13日、マリア、コペンハーゲン近郊にて80歳で逝去

1877	西南戦争
1890	大日本帝国憲法施行
1894	日清戦争始まる
1895	下関条約調印
1905	日露講和条約調印
1912	7月30日、大正と改元
1914	第一次世界大戦に参戦
1918	第一次世界大戦終わる
1926	12月25日、昭和と改元

第三章　カルロス四世年表

年号	満年齢	出来事
1748	0	11月11日、イタリアのポルティチで誕生
1759	11	父のナポリ・シチリア王がスペイン王カルロス三世として即位
1760	12	母マリア・アマリア・デ・サホニア逝去
1765	17	パルマ公フェリペの娘で従妹のマリア・ルイサと結婚

第四章　カロリーネ・マティルデ年表

年号	満年齢	出来事
1751	0	7月11日、ロンドンで誕生
1766	15	デンマーク・ノルウェー王クリスチャン七世と結婚
1768	17	長男フレゼリク誕生
1769	18	ドイツ人医師ヨハン・フリードリヒ・ストルーエンセがクリスチャン七世の侍医となる
1771	20	長女ルイーセ・アウグスタ誕生
1772	21	王太后ユリアーネ・マリーエと神学者グルベアが中心となりクーデター ストルーエンセ逮捕、処刑 兄ジョージ三世による仲裁の結果、カロリーネは、ハノーヴァー選帝侯領のツェレ城に幽閉

日本

年号	出来事
1751	徳川吉宗逝去
1758	宝暦事件
1768	大坂ほかで打ちこわし、一揆
1772	田沼意次が老中となる
1774	杉田玄白らが「解体新書」公刊

1775	27	長女カルロータ・ホアキーナ誕生
1779	31	次女マリア・アマリア誕生
1782	34	三女マリア・ルイサ誕生
1784	36	長男フェルナンド誕生
1788	40	次男カルロス誕生 父カルロス三世逝去 カルロス四世として即位
1789	41	ゴヤ、43歳で宮廷画家となる
1792	44	王妃の愛人ゴドイ、宰相となる
1794	46	三男フランシスコ・デ・パウラ誕生
1801	53	ゴヤ、『カルロス四世家族像』完成
1807	59	ナポレオンによるイベリア半島侵入
1808	60	長男がフェルナンド七世として即位 王妃、ゴドイらと亡命
1819		1月20日、70歳で逝去

1775		5月10日、猩紅熱のためツェレ城にて23歳で逝去

1776	平賀源内がエレキテルを完成
1782	天明の大飢饉（～1787）
1783	浅間山大噴火
1787	寛政の改革（～1793）
1823	シーボルト、長崎に来航
1825	異国船打払令

主要参照文献

『狂王ルートヴィヒ　夢の王国の黄昏』ジャン・デ・カール著　三保 元訳　中公文庫
『最後のロシア皇帝　ニコライ二世の日記』保田孝一著　講談社学術文庫
『名画で読み解く　ロマノフ家 12の物語』中野京子著　光文社新書
『ゴヤ』（全四巻）堀田善衞著　集英社文庫

初出　集英社WEB文芸「レンザブロー」
（二〇一四年九月〜二〇一五年三月）
本書は二〇一五年十月、集英社より刊行されました。

本文デザイン／三村　漢（niwa no niwa）
図版提供／アフロ

中野京子の本

芸術家たちの秘めた恋
——メンデルスゾーン、アンデルセンとその時代

19世紀を生きた音楽家と童話作家。育ちも容貌もすべてが正反対の二人をつなぐものは、神の声を持つ歌姫だった——。「結婚行進曲」や「醜いあひるの子」に隠された悲しい恋の物語。

集英社文庫

中野京子の本

残酷な王と悲しみの王妃

16、17世紀のヨーロッパを支配した王たち。現代に残る名画や財宝にみることができる華やかさとは裏腹に、王朝を存続させるため政略結婚した王や王妃が歩んだ、激動の人生とは？

集英社文庫

中野京子の本

はじめてのルーヴル

ダ・ヴィンチ「モナリザ」、ルーベンス「マリー・ド・メディシスの生涯」など、至宝の名画を独自の視点で読み解く斬新な美術館名画案内。これ一冊で、ルーヴル美術館が丸わかり！

集英社文庫

集英社文庫

残酷《ざんこく》な王《おう》と悲《かな》しみの王妃《おうひ》2

2019年12月25日　第1刷
2020年1月25日　第2刷

定価はカバーに表示してあります。

著　者　中野京子《なかのきょうこ》

発行者　徳永　真

発行所　株式会社　集英社
東京都千代田区一ツ橋2-5-10　〒101-8050
電話　【編集部】03-3230-6095
【読者係】03-3230-6080
【販売部】03-3230-6393（書店専用）

印　刷　大日本印刷株式会社

製　本　大日本印刷株式会社

フォーマットデザイン　アリヤマデザインストア　　マークデザイン　居山浩二

ISBN978-4-08-744061-4 C0195